U0827328

中小学生

ZHONGXIAO XUESHENG
DUPIN YUFANG JIAOYU

毒品预防教育

《中小学生毒品预防教育》编写组 ◎ 编

高中版

海峡出版发行集团
THE STRAITS PUBLISHING & DISTRIBUTING GROUP
福建科学技术出版社
FUJIAN SCIENCE & TECHNOLOGY PUBLISHING HOUSE

图书在版编目（CIP）数据

中小学生毒品预防教育：高中版 /《中小学生毒品预防教育》编写组编. —福州：福建科学技术出版社，2023.2

ISBN 978-7-5335-6937-2

Ⅰ. ①中… Ⅱ. ①中… Ⅲ. ①禁毒－高中－教学参考资料 Ⅳ. ①G631

中国国家版本馆CIP数据核字（2023）第017735号

书　　名　中小学生毒品预防教育　高中版
编　　者　《中小学生毒品预防教育》编写组
出版发行　福建科学技术出版社
社　　址　福州市东水路76号（邮编350001）
网　　址　www.fjstp.com
经　　销　福建新华发行（集团）有限责任公司
印　　刷　福建新华联合印务集团有限公司
开　　本　787毫米×1092毫米　1/16
印　　张　4
字　　数　57千字
版　　次　2023年2月第1版
印　　次　2023年2月第1次印刷
书　　号　ISBN 978-7-5335-6937-2
定　　价　15.00元

书中如有印装质量问题，可直接向本社调换

前言

QIANYAN

毒品问题是全球面临的严峻挑战之一，我国禁毒形势整体向好，吸毒人员增长率呈下降趋势，但滥用新型毒品、吸毒人群年轻化等问题依然十分突出。党和国家对禁毒工作高度重视，习近平总书记尤其关心青少年毒品预防教育。习近平总书记对禁毒工作作出的重要指示中，强调指出要坚持关口前移、预防为先，重点针对青少年等群体，深入开展毒品预防宣传教育，在全社会形成自觉抵制毒品的浓厚氛围。

“少年兴则国兴，少年强则国强”，青少年是祖国的未来和民族的希望，他们肩负着国家强盛、民族兴旺、社会进步的历史责任。但青少年的世界观、人生观、价值观还未完全形成，对社会充满好奇却又缺乏足够的辨别能力，稍有不慎就容易被毒品侵蚀，所以毒品预防教育是青少年禁毒工作的“治本之策”，决不能让毒品成为青少年人生路上的绊脚石。必须把青少年群体的毒品预防教育放在突出位置，坚持从娃娃抓起、从青少年抓起。

珍爱生命 远离毒品

为进一步贯彻习近平总书记关于青少年毒品预防教育的指示精神，提升学校毒品预防教育的工作水平，切实做到将禁毒工作的关口前移。我们组织了一批长期从事毒品预防教育工作的专家，编写了这套适合各年级学生使用的毒品预防教育读本。本套读本以教育部制定的《中小学生毒品预防专题教育大纲》为核心内容，从不同阶段学生的理解能力和实际需求出发，分小学、初中、高中 3 个阶段进行编写，旨在通过专题教育的形式，做好“识毒、辨毒、防毒、拒毒”的宣传和教育，培养学生健康的生活方式、毒品预防意识和社会责任感，掌握一些自我保护的方法，做“珍爱生命、拒绝毒品”的人。本套读本在注重内容知识性、科学性的基础上，兼顾衔接性和趣味性，图文并茂、通俗易懂，相信能成为学校禁毒教育的好工具、好抓手。

本套读本在编写过程中参考了一些专家学者的著作和相关的资料，在此我们一并向原作者致谢。

编　者

目录

MULU

珍爱生命 远离毒品

第一课

令人眼花缭乱的毒品

毒品是全人类的共同敌人，它们披着华丽的外衣，诱惑人们进入地狱。我们一旦经受不住诱惑，沾染了毒品，那接踵而来的将是无尽的痛苦和绝望。那么同学们真正了解毒品吗？知道毒品有多少种类、长什么样子、吸食的人会有什么表现吗？这一课就给同学们讲讲令人眼花缭乱的毒品。

一、毒品的起源与演变

很多我们今天知道的毒品，一开始都是以药物的形式面世。当时人们利用一些植物具有神经毒性的特性，将这些植物制作成镇痛剂使用。

最早被发现有成瘾作用的药物是鸦片，它来自美丽的罂粟花的果实。很久以前，人们把鸦片视为一种缓解病痛的药品，有意识地少量种植罂粟。欧洲人还通过制作鸦片酊、鸦片酒等方式，来开发鸦片的其他用途。虽然当作药物时，鸦片每次使用的量都不多，但因为没认识到鸦片的危害，它被广泛地使用，许多病人乃至健康的人慢慢对其产生了生理依赖。到17世纪时，鸦片就不单单只是镇痛剂了。它开始脱离单纯的医药用途，从帮助人们缓解疼

痛的天使，变成了控制并伤害人们的恶魔。

接着就是吗啡。1806年，化学家泽尔蒂纳首次从鸦片中分离出吗啡。作为药物的吗啡镇痛范围广泛，几乎适用于缓解各种严重疼痛包括癌症晚期的剧痛。这一发现对医学界和人类社会产生了深刻的影响，直到现在吗啡仍然是重要的镇痛药。19世纪60年代美国南北战争时，吗啡作为镇痛剂在军队广泛使用。战争结束后，美军当中首次出现了群体性的吗啡成瘾者。

当人们意识到鸦片类药物，特别是吗啡成瘾的严重后果后，便急于找到一种非成瘾性的镇痛药来代替吗啡。后来，海洛因出现了。1897年化学家霍夫曼将海洛因制成药物。最初人们认为海洛因效力强于吗啡且不会上瘾，是十分理想的药物。然而最终科学家却发现海洛因比吗啡更容易通过血脑屏障进入神经中枢发挥作用，成瘾性更强烈，对个人和社会所导致的危害和恶劣后果，已远远超过了其医用价值。于是，1910年起，各国取消了海洛因在医学治疗方面的应用。

接下来是人工化学合成毒品问世。最早的合成毒品是冰毒，冰毒是甲基苯丙胺的俗称，1936年，德国科学家率先发现苯丙胺类药物可以通过提高警觉而促进注意力集中，这个发现导致这类药物后来被滥用。第二次世界大战结束后，甲基苯丙胺被作为心理安慰剂，在日本随处可以买到，这一时期被称为日本毒品滥用的第一个高峰期，并且带动了周围其他国家开始滥用毒品。冰毒之后又陆续出现了摇头丸、麻古等。它们被统称为第二代合成毒品。

因为第二代合成毒品的危害巨大，戒毒和禁毒的斗争在国际范围内全面展开，在这种情况下，第三代毒品也就是新精神活性物质诞生了。它们是为逃避打击而对管制毒品进行化学结构修饰得到的毒品类似物，具有比之前的毒品更强的兴奋、致幻、麻醉等效果。新精神活性物质一出现就大肆蔓延，数量不断增多，种类不断翻新。

就这样，毒品开始从传统的植物提炼转变成化学合成药物，又不断调整化学结构变成新精神活性物质。新精神活性物质更便于直接制作、成本更为低廉，成为新时代残害人类的毒品。

二、传统毒品介绍

· 鸦片

别名：大烟、阿片、烟土、阿片烟、阿芙蓉、烟膏。

外观特点：生鸦片是草本类植物罂粟未成熟的果实用刀割后流出的汁液，经风干后浓缩加工处理而成的褐色膏状物。生鸦片经加热煎制成为熟鸦片，是一种棕色黏稠液体，俗称烟膏。

滥用危害：吸食初期表现为极度兴奋，继而嗜睡，长期吸食导致面无血色，瘦弱不堪，戒断期间会产生流泪、频繁打哈欠、失眠、呕吐等全身不适的症状。

· 可卡因

别名：古柯碱。

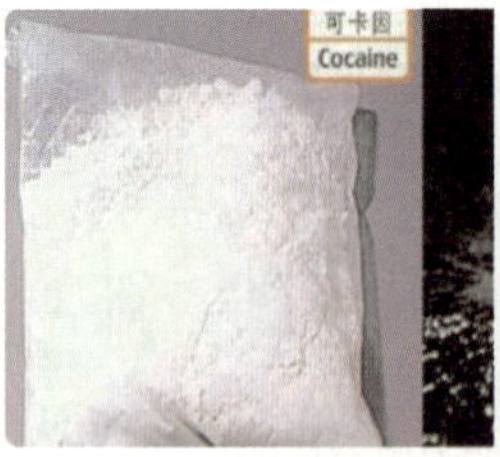

外观特点：可卡因纯品（即可卡因碱）为无色或白色薄片晶体或粉末，盐酸可卡因是无色晶体或白色结晶性粉末。

滥用危害：服用可卡因后，会逐渐发生偏执性精神障碍，使精神衰退。大剂量服用后可刺激脊髓，引起惊厥，抑制整个神经系统，甚至引起呼吸衰竭、死亡。

· 海洛因

别名：白粉、白面。

外观特点：带有白色、米色、褐色、黑色等色泽的粉末、粒状或凝聚状物品，多数为白色结晶粉末。

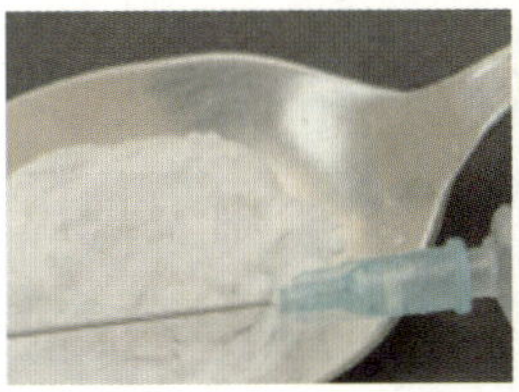
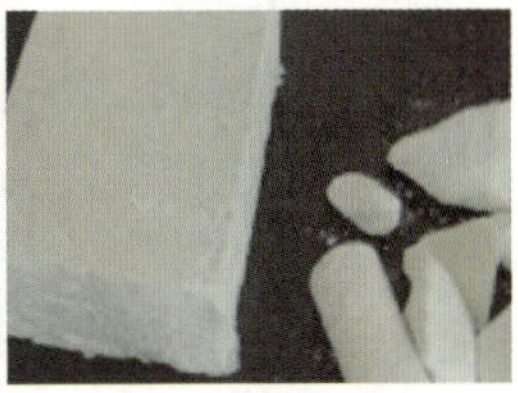

滥用危害：海洛因成瘾快，毒性烈，一般持续吸食海洛因的人寿命较短。长期吸食海洛因的人身体消瘦，目光无神，免疫功能逐渐丧失，易并发肝炎、肺炎等多种疾病，最终导致死亡。静脉注射海洛因更是艾滋病感染的主要途径之一。

· 大麻

别称：大麻烟。

外观特点：黄棕色、褐红色到黑色等颜色各异的粉末。

滥用危害：精神方面，大麻可让使用者产生愉悦感，改变心境及对事物的主观感受，损害思考及问题解决能力，大剂量使用可造成幻觉、妄想、精神失常。吸食大麻的人会出现严重的健康问题，如支气管炎、肺气肿和支气管哮喘。长期大剂量吸食大麻可引起大脑退行性变化、免疫系统抑制和精神疾病等。

· 氯胺酮

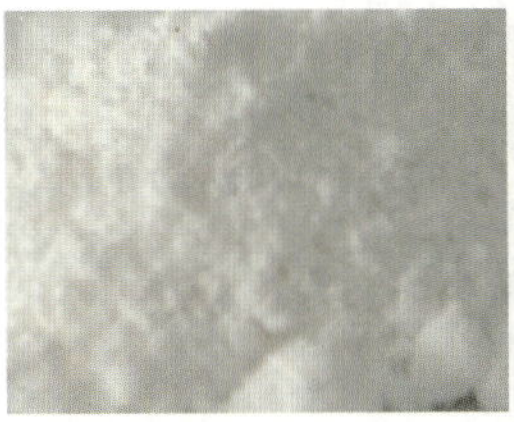

别称：K 粉。

外观特点：氯胺酮纯品（即氯胺酮碱）为白色粉末，还有一种外消旋氯胺酮盐酸盐是白色结晶粉末。

滥用危害：吸食者会产生意识与感觉分离，表现精神错乱、过度兴奋、出现幻觉，并有怪异和危险行为。氯胺酮使用剂量愈大毒副作用愈显著。精神症状表现为焦虑、紧张、惊恐、烦躁不安、濒死感等。心血管系统表现为心悸、气急、大汗淋漓、血压增高等；中枢神经系统表现为眼球震颤、肌肉僵硬强直、构音困难、共济运动失调、对疼痛刺激反应降低等；严重者可出现高热、抽搐发作、颅内出血、呼吸抑制、昏迷，甚至死亡。

· 冰毒

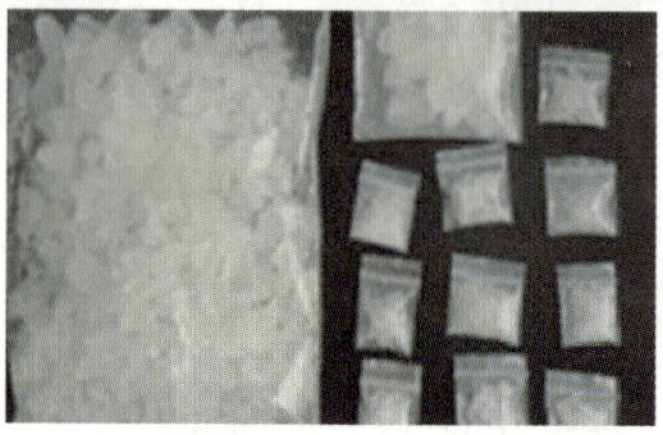

外观特点：无色透明结晶体。

滥用危害：冰毒少量服用表现出精神振奋、话多、情绪高涨。冰毒滥用后精神依赖性极强，严重伤害大脑和心血管系统。滥用者如采用静脉注射方式吸毒可传播多种疾病，包括肝炎、细菌性心内膜炎、败血症和艾滋病等。严重者出现精神错乱、性欲亢进、焦虑、烦躁、幻觉状态。性格方面从最开始的多疑、敏感发展为偏执观念或妄想，并伴有相应的情绪变化。滥用者在妄想支配下可出现冲动伤人甚至自杀或杀人等暴力行为。过量使用冰毒可导致急性中毒，甚至死亡。

· 摇头丸

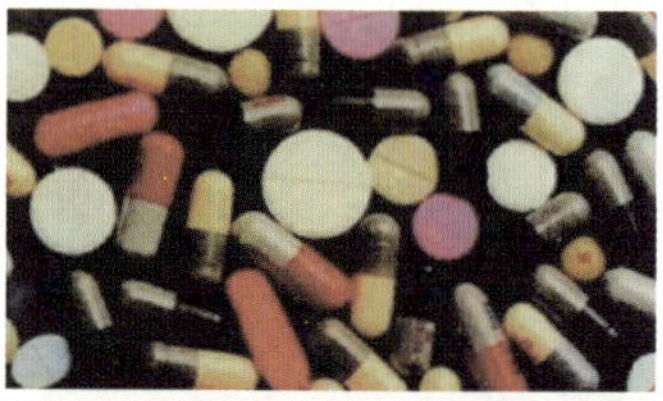

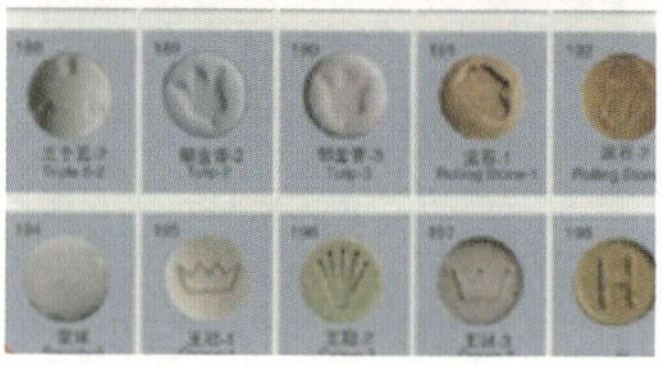

外观特点：多呈片剂，颜色多样。

滥用危害：摇头丸一般是指含有致幻型苯丙胺类兴奋剂成分的片剂和丸剂。它是冰毒的衍生物，具有兴奋和致幻双重作用，滥用后可出现长时间随音乐剧烈摆动头部的现象，故称为摇头丸。摇头丸服用后会使中枢神经产生强烈兴奋，出现摇头和妄动，在幻觉作用下常常行为失控，并出现自残与攻击行为，并可诱发精神分裂症及急性心脑疾病，精神依赖性强。

· 麻古

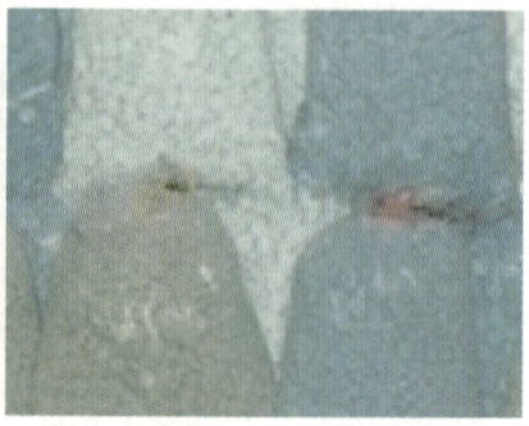

别称：麻谷、麻果。

外观特点：与摇头丸相似，通常为红色、绿色、黑色的片剂。

滥用危害：麻古滥用症状和冰毒类似。

· 甲卡西酮

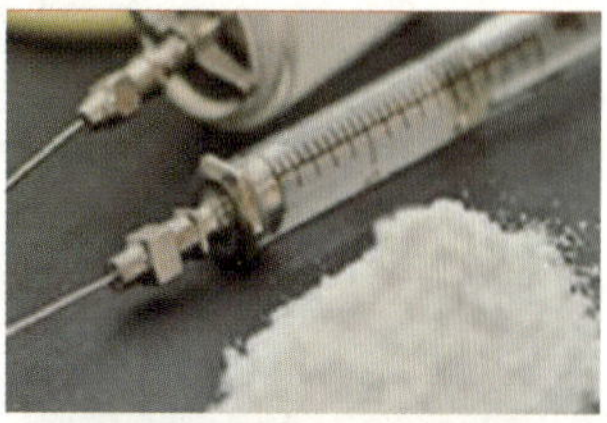

别称：丧尸药、丧尸浴盐、土冰、植物肥料、除草剂、研究性化学品。

外观特点：通常为白色或淡黄色结晶体或粉末。

滥用危害：甲卡西酮吸食后有提神兴奋作用，可引起幻觉，有鼻出血、鼻灼伤感、恶心、呕吐和血液循环症状，吸食者会有焦虑、偏执、抑郁和妄想表现。过量吸食易造成永久性的脑部损伤甚至死亡。

三、新型毒品介绍

· 合成大麻烟

别称：娜塔莎。

主要成分：喷涂或浸泡等方式添加的合成大麻素类新精神活性物质。

外观特点：棕褐色或墨绿色的烟草碎叶，外观类似散装烟丝或莫合烟。

滥用危害：吸食合成大麻烟会出现头晕、呕吐、精神恍惚、致幻等反应，过量吸食会导致休克、窒息，甚至猝死。添加了合成大麻素的电子烟比普通的大麻更容易上瘾，对身体的危害也更大。长期使用还会增加患心脑血管疾病及癌症的风险。

· 合成大麻香料

主要成分：喷涂或浸泡等方式添加的合成大麻素类新精神活性

物质。

外观特点：各种颜色的叶片或花瓣，外观类似用作香薰的植物香料。

滥用危害：本品含有的合成大麻素对人体的作用类似于大麻，但致幻能力和成瘾性更强，吸食后可引起判断力下降、意识模糊和精神障碍，诱发车祸、自残和暴力行为。过量吸食可导致昏迷，甚至死亡。

· 卡痛叶

主要成分：植物中天然存在的帽柱木碱和 7- 羟基帽柱木碱。

外观特点：鲜品为植物卡痛树的树叶，干燥粉碎后为黄绿色或红棕色碎片或粉末。

滥用危害：卡痛叶含有的生物碱属于天然阿片类物质，长期使用会损害肝脏，并导致厌食、消瘦和精神障碍，依赖性较强。

· 恰特草

别称：阿拉伯茶。

主要成分：恰特草中天然存在的卡西酮。

外观特点：鲜草茎为红色，叶子为绿色，干燥粉碎后为绿色碎片或粉末。

滥用危害：咀嚼恰特草有较强兴奋作用，长期使用易产生依赖性，使人精神抑郁、间歇性出现幻觉，同时降低食欲和免疫力，增加患心脑血管疾病和口腔癌的风险。

· 致幻蘑菇

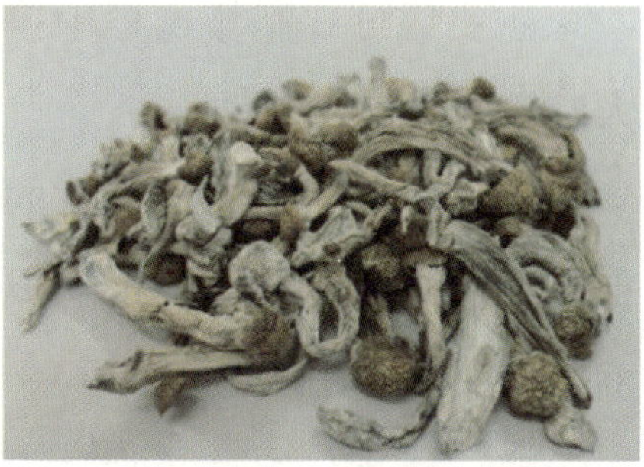

别称：迷幻蘑菇。

主要成分：含天然存在的赛洛新和赛洛西宾。

外观特点：黄色至褐色的新鲜蘑菇或蘑菇干。

滥用危害：裸盖菇含有的生物碱具有较强的致幻作用，食用后可使人激动、焦虑、意识模糊并出现精神障碍，诱发自残或自杀行为。

· 相思树根皮

别称：相思汤。

主要成分：含天然存在的二甲基色胺。

外观特点：金合欢属植物相思树的根皮，内皮红褐色，外皮灰白色带有白色圆点，干燥粉碎后为褐色粉末。

滥用危害：本品少量使用时会使人情绪激动，大量使用时则会失去对身体的控制，并出现强烈的幻觉，导致意识模糊和精神障碍。

· 大麻巧克力

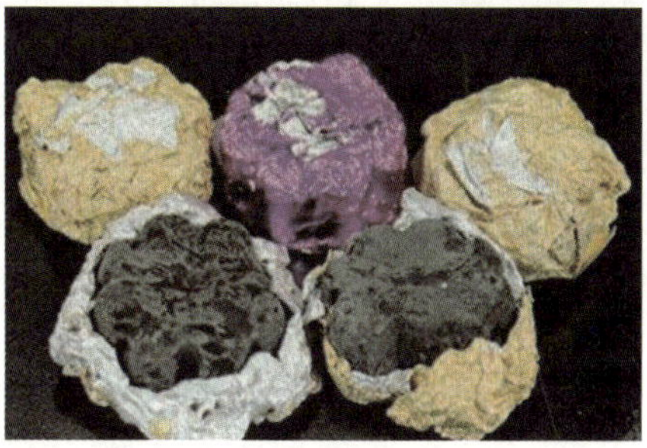

主要成分：制作过程中掺入的四氢大麻酚或合成大麻素。

外观特点：形态与正常的巧克力类似，外包装简陋，没有注明成分、制造商等信息，仅有外文说明。

滥用危害：本品与吸食大麻烟效果类似，但持续效果更长，产生的致幻作用可严重影响判断能力，诱发车祸、自残及暴力行为，长期食用可能导致精神障碍。因外观与普通巧克力类似，大量误食后易导致急性中毒，甚至死亡。

· 大麻蛋糕

主要成分：制作过程中掺入的四氢大麻酚或合成大麻素。

外观特点：形态与正常的糕点相类似，外包装简陋，没有注明成分、制造商等信息，仅有外文说明。

滥用危害：本品与吸食大麻烟效果类似，但持续时间更长，产生的致幻作用可严重影响判断能力，诱发自残及暴力行为，导致精神障碍。

· 大麻棒棒糖

主要成分：制作过程中掺入的四氢大麻酚或合成大麻素。

外观特点：形态与正常的糖果类似，外包装简陋，没有注明成分、制造商等信息，仅有外文说明。

滥用危害：本品与吸食大麻烟效果类似，但持续的时间更长，产生的致幻作用可严重影响判断能力，诱发车祸、自残及暴力行为，长期使用可能导致精神障碍，大量误食易导致急性中毒危及生命。

· “果冻”

主要成分：制作过程中掺入的卡西酮类和苯丙胺类。

外观特点：形态与正常的果冻类似，外包装简陋，没有注明成分、制造商等信息。

滥用危害：吸食本品与吸食冰毒及卡西酮类物质效果类似，产生兴奋和致幻效果，并会导致狂躁、偏执及被害妄想，诱发各种暴力行为。长期使用可能导致精神障碍，大量使用可诱发心力衰竭和肝肾衰竭，甚至死亡。

· 开心水

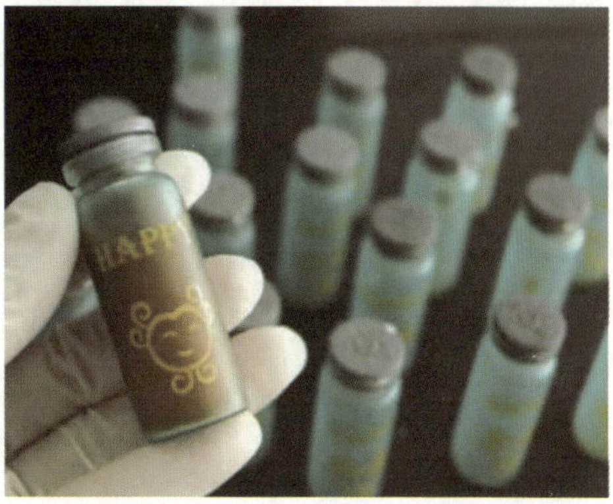

别名：HAPPY 水。

主要成分：本品由于是非法制造，成分随意性较大，通常含有氯胺酮，还可能存在冰毒、摇头丸、曲马多等多种毒品成分。

外观特点：无味、透明、液态的毒品。

滥用危害：本品具有类似氯胺酮、冰毒、摇头丸的致幻作用。大剂量使用会引起精神错乱及思维障碍，出现类似于妄想性精神分裂症的情况，变得多疑并出现种种幻听。本品极易使用过量导致急性中毒。

· 神仙水

别称：听话水、乖乖水。

主要成分：γ－羟基丁酸（GHB）。

外观特点：形态与正常口服液类似，常标注各种名牌商标。

滥用危害：本品有强烈的兴奋和致幻作用，同时根据所添加的其他毒品成分的不同，还可能产生兴奋、镇静、催眠等多种效果。本品过量使用会导致抽搐、昏迷、呼吸抑制，可引起肝衰竭，甚至死亡。

· 新潮饮料

别称：咔哇潮饮、啪啪潮饮、咔哇氿。

主要成分：制作过程中掺入的 γ－丁内酯和水解产生的 γ－羟基丁酸。

外观特点：形态与正常瓶装饮料类似，外包装色彩鲜艳。

滥用危害：本品具有强烈的兴奋和致幻效果，γ－丁内酯进入人体也可以水解成为 γ－羟基丁酸起作用。过量使用可导致强烈的麻醉效果，且苏醒后过往记忆会受到损害。

· 聪明药

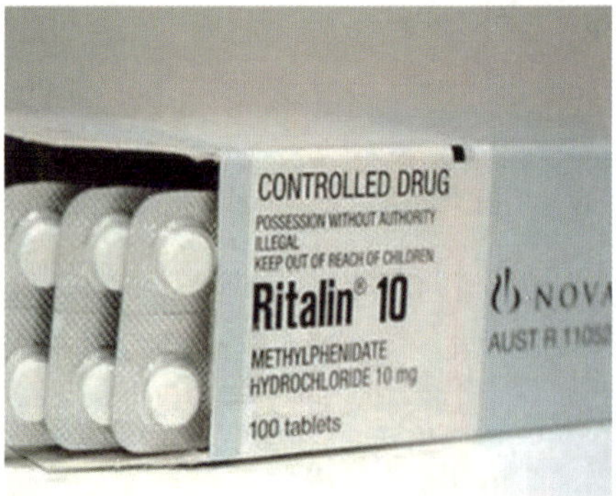

主要成分：利他林、莫达非尼、哌甲酯。

外观特点：瓶装或铝塑包装的药片或胶囊，主要走私入境，标识中含有“Modafinil”“Methylphenidate”等英文。

滥用危害：健康正常的人服用本品后有一定的兴奋效果，可短暂提高注意力，但是过后会引起头痛、呕吐、过度兴奋、失眠、记忆力下降、注意力不集中等多种副作用，而且药物具有成瘾性并可能产生幻觉，伴有躁狂、多汗、心动过速、失眠和抑郁症等严重不良反应。

· 第二代镇静催眠药物

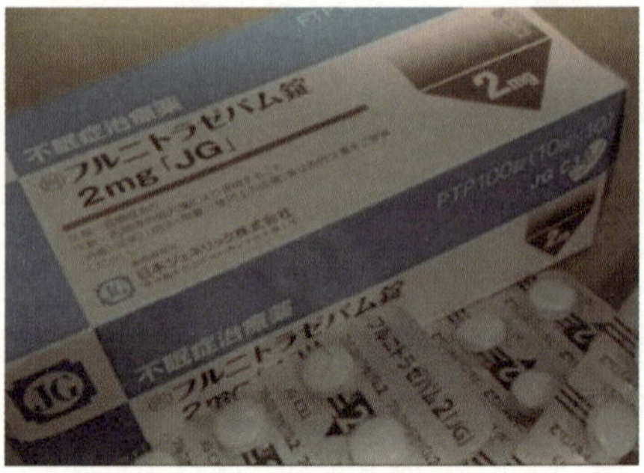

别名：蓝精灵。

主要成分：氟硝西泮、尼美西泮、三唑仑、依替唑仑等苯二氮䓬类药物。

外观特点：铝塑包装的药片，主要从日本走私入境，外包装上多为日文说明，不同品种溶于水后可呈现鲜艳的蓝色、红色等颜色。

滥用危害：本品具有镇静和抗焦虑作用并可致幻，能降低吸食兴奋类毒品后产生的失眠和抑郁症状，长期使用易成瘾，可导致运动与意识障碍。大剂量下可使人失去意识。氟硝西泮这种药物服用后，有催眠和遗忘的作用，会使人产生“顺行性遗忘症”，失去对近期发生事情的记忆。

· 第三代镇静催眠药物

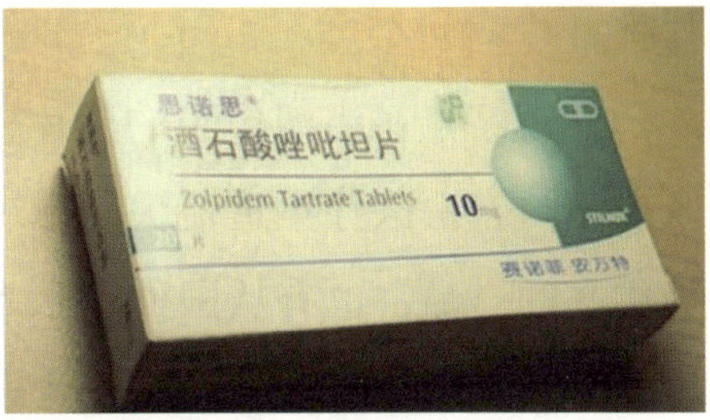

主要成分：唑吡坦、佐匹克隆。

外观特点：铝塑包装的药片，既有国内合法医疗渠道流失、标识为中文的产品，也有从国外走私入境、标识为外文的产品。

滥用危害：本品吸食效果和危害与第二代镇静催眠药物类似。

· 零号胶囊

别名：火狐狸。

主要成分：以 N,N- 二异丙基 -5- 甲氧基色胺为代表的色胺类新精神活性物质。

外观特点：瓶装或铝塑包装的胶囊，多为国内非法制造，常使用外文标识冒充国外产品，但印刷和包装较为粗糙。

滥用危害：具有强烈的致幻作用并可导致心动过速、身体抽搐和意识丧失，过量使用易诱发急性心力衰竭和肾衰竭，甚至死亡。

· 减肥药

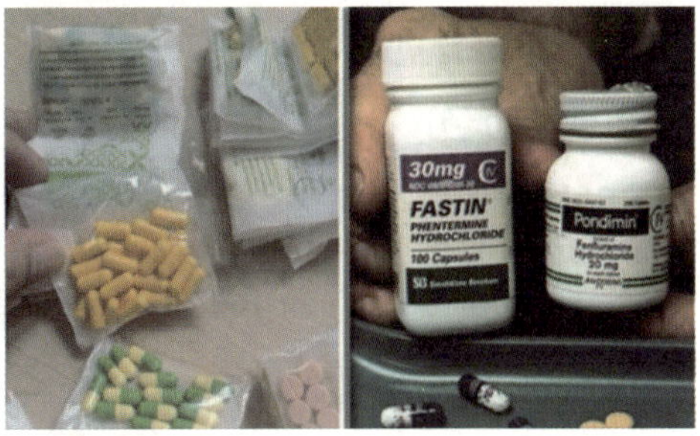

主要成分：芬特明、芬氟拉明。

外观特点：瓶装或铝塑包装的药片或胶囊，主要从国外走私入境，外包装说明为泰文的最为常见。

滥用危害：本品大剂量使用时具有

兴奋和致幻作用，可导致焦虑和精神紧张，并可诱发高血压、心悸、心动过速和心力衰竭等不良反应，严重危害健康。

· 阿片类药物

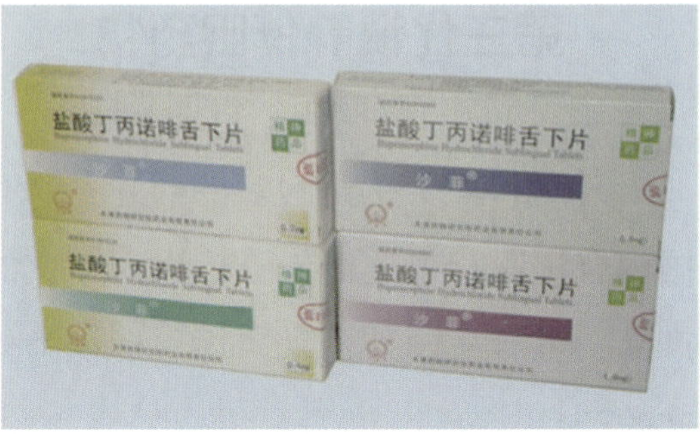

主要成分：丁丙诺啡、二氢埃托啡。

外观特点：铝塑包装的药片，既有国内合法医疗渠道流失、标识为中文的产品，也有从国外走私入境、标识为外文的产品。

滥用危害：阿片类药物成瘾性强，滥用可导致神经系统损害、记忆力下降等。大剂量使用，或与安定类镇静药物合用，易引起呼吸抑制、昏迷，甚至死亡。

· 医用流失芬太尼制剂（国外）

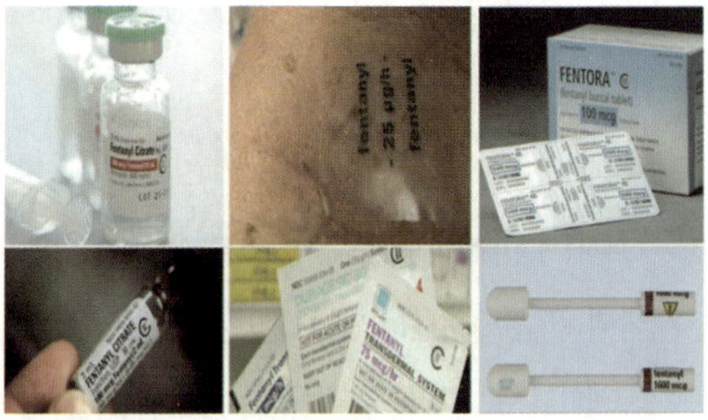

主要成分：芬太尼。

外观特点：国外医用芬太尼制剂有注射剂、透皮贴剂、片剂和口腔含剂等多种形态。

滥用危害：芬太尼是强效麻醉镇痛药物，其效果可达吗啡的 50 ~ 100 倍，成瘾性和依赖性很强，过量使用易导致昏迷、呼吸抑制，甚至死亡。

· 医用流失芬太尼制剂（国内）

主要成分：芬太尼、瑞芬太尼、舒芬太尼。

外观特点：国内医用芬太尼制剂有注射剂和透皮贴剂两种形态。

滥用危害：本品成瘾性和依赖性很强，可导致呼吸抑制、呼吸暂停、骨骼肌强直、肌阵挛、低血压、心动过缓等，过量使用极易致死。

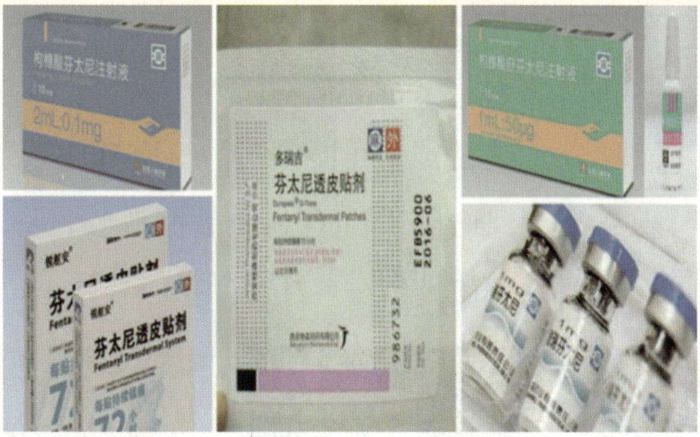

· 非法生产的芬太尼

主要成分：芬太尼。

外观特点：白色粉末，通常使用透明自封袋或锡箔纸包装袋进行包装。

滥用危害：未掺杂稀释的粉末中芬太尼含量较高，通过呼吸道或皮肤接触吸收少量即可导致急性中毒，数毫克即能导致死亡。

· 非法生产的芬太尼类似物

主要成分：卡芬太尼、呋喃芬太尼、丁酰芬太尼等芬太尼类似物。

外观特点：白色粉末，通常使用透明自封袋或锡箔纸包装袋进行包装。

滥用危害：该类物质与芬太尼的化学结构相似，具有类似芬太尼的麻醉和镇痛作用，其中一些品种的药效较芬太尼更强，例如卡芬太尼可达吗啡的 10000 倍左右。芬太尼类似物的滥用危害也与芬太尼接近，都具有较强的成瘾性和依赖性，过量使用易导致昏迷、呼吸抑制，甚至死亡。

· 非法生产的芬太尼制剂（国外）

主要成分：芬太尼及各种芬太尼类似物。

外观特点：外观类似羟考酮或氢可酮等药物的片剂或简易胶囊。

滥用危害：该类物质由地下工厂生产，质量控制水平差，按平时正常用量服用高含量制剂后极易造成急性中毒，甚至死亡。

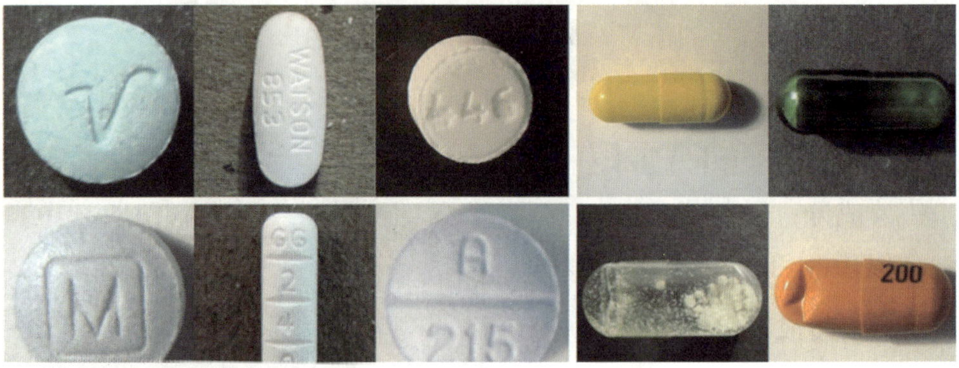

· 非法生产的芬太尼制剂（国内）

主要成分：芬太尼及地芬诺酯、曲马多等阿片类物质。

外观特点：瓶装或铝箔纸包装的胶囊，常以特效戒毒药的名义出售，印刷和包装较为粗糙。

滥用危害：吸毒者用其取代海洛因后不会产生戒断症状，同时尿检呈吗啡阴性。但实际上并不能真正戒除毒瘾，特别是芬太尼等成分的危害较海洛因更强，大量使用可诱发呼吸抑制，甚至死亡。

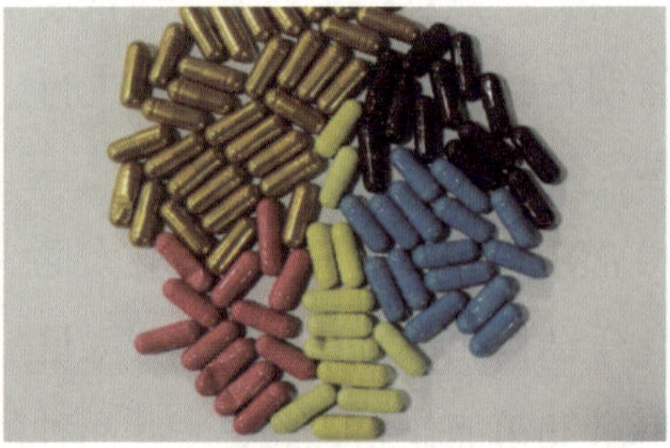

· 致幻邮票

主要成分：纸上吸附的麦角二乙胺或苯乙胺类及苯环利定类新精神活性物质。

外观特点：材质为具有一定厚度的吸墨纸，一般进行打孔处理，方便撕成小块使用，表面印刷有各种流行图案。

滥用危害：本品具有极强的致幻作用，持续时间可长达10小时以上，并可引发瞳孔扩张、心动过速、身体麻痹、震颤等不良反应，一些个体可能出现极度焦虑和精神错乱，并诱发自残或伤害他人等暴力行为。

· G点液

主要成分：以N,N-二异丙基-5-甲氧基色胺为代表的色胺类新精神活性物质。

外观特点：带有活塞的塑料管封装液体，外观类似注射器，通常标有“G-SPOT”等字样，印刷和包装较为粗糙。

滥用危害：本品具有强烈的致幻作用，并可导致心动过速、身体抽搐和意识丧失，过量使用易诱发急性心力衰竭和肾衰竭，甚至亡。

· 笑气

主要成分：一氧化二氮。

外观特点：密封的金属材质气弹，外包装多标注为奶油发泡剂。

滥用危害：本品可使人失去痛感并发笑，同时伴有欣快感，由于作用短暂需多次反复吸食，易造成大脑缺氧并导致中枢神经系统受损，引起记忆力下降、反应迟钝、精神障碍，甚至瘫痪。

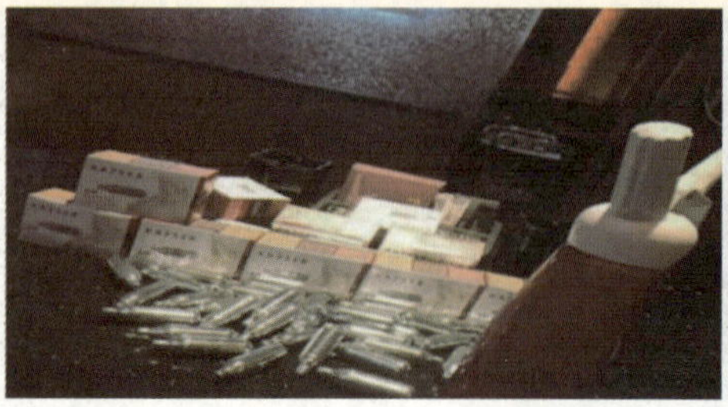

· RUSH

主要成分：以亚硝酸异丁酯为代表的多种亚硝酸酯类新精神活性物质。

外观特点：瓶装液体，气味类似汽油，内部有小珠，摇晃时能听到响声。通常标有“RUSH”等字样。

滥用危害：本品具有扩张血管和松弛平滑肌的作用，同时有兴奋效果，长期使用可造成视网膜损伤甚至失明，并导致心脏受损引发晕厥、休克，甚至心脏病而死亡。

· 电子烟油

主要成分：制作过程中掺入的四氢大麻酚或合成大麻素类新精神活性物质。

外观特点：无色、黄色至褐色黏稠液体，有小瓶包装也有直接注入在独立包装的电子烟内。

滥用危害：本品与吸食大麻烟效果类似，成瘾性更强，产生的致幻作用

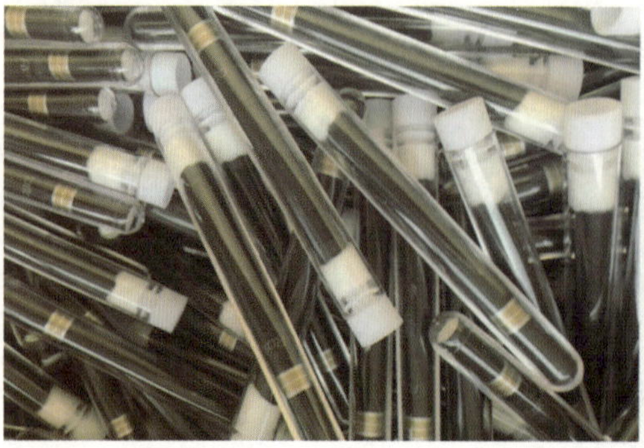

可引起判断力下降、意识模糊和精神障碍，诱发车祸、自残及暴力行为，过量吸食可导致昏迷甚至死亡，长期使用还会增加患心脑血管疾病及癌症的风险。

· 小树枝

别名：雅典娜小树枝、维也纳香薰、派对小树枝。

主要成分：制作过程中掺入的合成大麻素类新精神活性物质。

外观特点：褐色棍装物，长约 10 厘米，直径约 2 毫米，外观类似线香。

滥用危害：本品含有的合成大麻素对人的作用类似大麻，但致幻能力和成瘾性更强，吸食后可引起判断力下降、意识模糊和精神障碍，可诱发车祸、自残及暴力行为，过量吸食可导致昏迷甚至死亡，长期使用还会增加患心脑血管疾病及癌症的风险。

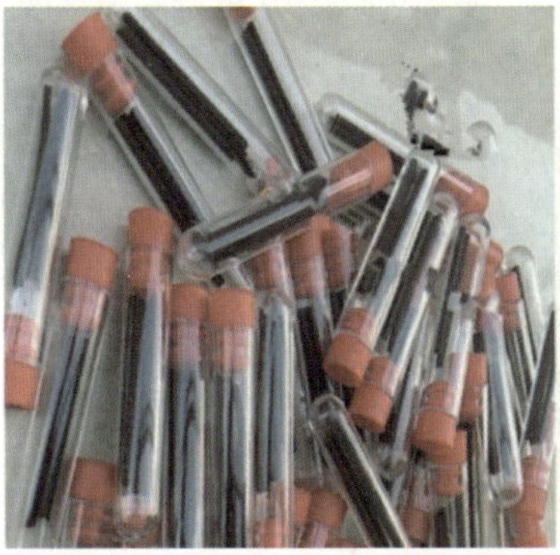

拓展延伸

小心！所谓“聪明药”其实是毒品

近年来，一种传言能提高成绩的药品在部分考生和家长群体中悄悄地流行了起来。这类药品号称可以让考生更聪明、注意力更集中，从而在考试中获得好成绩，所以又称“聪明药”。“聪明药”主要购买对象是青少年和家长们，面对孩子高考的压力，有些高中生的家长对传说中能提升成绩的“聪明药”的追求更为狂热。然而，他们却没有意识到：“聪明药”是一种会成瘾的毒品！许多学生和家长被提高成绩的想法所诱惑，看似得到了神奇的“聪明药”，实际却落入了毒品的陷阱！

高中生美美有一个望女成凤的妈妈，她总是为美美的成绩不稳定而焦虑不已。有一天，美美的妈妈在超市听到别人在谈论一种“聪明药”，说是能帮助孩子提高学习效率，取得高分，于是美美的妈妈想办法买到了这种提神醒脑的“聪明药”，让美美服用。美美吃了“聪明药”后，一开始

果真成绩有所提高，母女俩都高兴不已，又偷偷买了些“聪明药”来服用。服用药物一段时间后，美美就开始出现心慌、肢体麻木等不良反应。然而一停药美美就变得心不在焉，无法集中精力，学习状态比以前还差，甚至出现了幻觉……就这样断断续续服用了几个月“聪明药”后，美美突然在学校晕倒被送进了医院。经医生检查，才知道原来所谓的“聪明药”其实是一种新型毒品（管控类的精神药物），美美服用的药量太大，已经对身体产生了不可逆的伤害，妈妈和美美都为之后悔不已。

这世上根本没有能让人变聪明的药，提高成绩只能靠自己努力，服用“聪明药”不仅不是捷径，反而还会带来痛苦，直至深陷泥潭，难以自拔。

“聪明药”具有成瘾性

“聪明药”一般指利他林和莫达非尼，这二者都是国家管控的精神药品，它们具有中枢神经系统的兴奋作用，服用后能够起到集中注意力，保持清醒的作用，因此披上了“聪明药”的外衣来欺骗同学和家长。事实上，过量使用这些精神类药物可能导致头痛、恶心、失眠、焦虑、记忆力下降等诸多副作用。

知识链接

全球毒品滥用情况和我国禁毒形势

全球毒品滥用情况

近年来，全球毒品滥用情况不容乐观。联合国毒品和犯罪问题办公室发布的《2021 年世界毒品报告》显示，2021 年全球约有 2.75 亿人使用毒品，大约 5.5% 的 15~64 岁人口在过去一年中至少使用过一次毒品。2010 年至 2019 年期间，吸毒人数增加了 22%。报告估计，在全球范围内，有 1100 多万人注射毒品。在过去 20 多年里，世界部分地区的大麻使用量增加了 4 倍。尽管大麻长期使用会给身体健康造成伤害，但全球范围内认为大麻有害的青少年比例却下降了 40%。

我国禁毒形势

我国禁毒形势整体向好态势持续得到巩固和拓展。根据我国禁毒部门发布的《2021 年中国毒情形势报告》，2021 年境外毒品输入数量和国内制毒产量都有所减少，国内毒品供应量和流通量都有所下降，毒品走私贩运和制毒物品流失问题得到遏制，毒品滥用规模和涉毒犯罪案件呈现连续多年下降的良好态势。

2021 年年底，全国现有吸毒人员 148.6 万名，同比下降 17.5%；新发现吸毒人员 12.1 万名，同比下降 21.7%。现有吸毒人数和新发现吸毒人数连续 5 年下降，毒品滥用治理成效持续显现，滥用人数持续减少。

禁毒工作任重道远，在国家、社会和每一个公民的共同努力下，我国禁毒情势将持续变好。

Tips

什么是吸毒成瘾

根据《中华人民共和国禁毒法》和《禁毒条例》（国务院令第 597 号），我国修订的《吸毒成瘾认定办法》规定，吸毒成瘾是指吸毒人员因反复使用毒品而导致的慢性复发性脑病，表现为不顾不良后果、强迫性寻求及使用毒品的行为，常伴有不同程度的个人健康及社会功能损害。

毒品违法犯罪举报途径

可以通过以下途径对吸毒人员进行举报。

（1）电话举报，举报人可以打“110”或者各级公安机关公布的举报电话。

（2）来访举报，举报人可以直接到各级公安机关当面举报。

（3）来信举报，举报人可以写举报信邮寄到全省各级公安机关禁毒部门。

（4）其他方式，举报人可以采取电子邮件、短信、微信等其他方式向各级公安机关举报。

各级公安机关将严格为举报人保密，确保举报人的人身财产安全。

Tips

与毒品相关的谣言

谣言一 自己不吸毒，引诱他人吸毒不违法。

《中华人民共和国刑法》第三百五十三条规定，引诱、教唆、欺骗他人吸食、注射毒品的，处三年以下有期徒刑、拘役或者管制，并处罚金；情节严重的，处三年以上七年以下有期徒刑，并处罚金。引诱、教唆、欺骗或者强迫未成年人吸食注射毒品的，从重处罚。

谣言二 只要自己不吸毒，容留他人吸食毒品不违法。

根据《中华人民共和国刑法》第三百五十四条规定，容留他人吸食、注射毒品的，处三年以下有期徒刑、拘役或者管制，并处罚金。因此，容留他人吸毒，不管自己吸没吸毒，都可能构成犯罪！

谣言三 吸毒不违法，贩毒才违法。

吸毒是违法行为，贩毒是犯罪行为。《中华人民共和国治安管理处罚法》第七十二条明确规定，吸食、注射毒品的，处十日以上十五日以下拘留，可以并处二千元以下罚款；情节较轻的，处五日以下拘留或者五百元以下罚款。

谣言四 就卖了 0.1 克毒品，不会被判刑的。

根据《中华人民共和国刑法》第三百四十七条的规定：“走私、贩卖、运输、制造毒品无论数量多少，都应当追究刑事责任予以刑事处罚。”因此，只要实施走私、贩卖、运输、制造毒品的行为，无论数量多少，都会被追究刑事责任。

谣言五 罂粟是提味香料，可以自家种植。

我国目前实行“零种植、不让毒品原植物种子落地”的禁种铲毒工作方针。罂粟是国家明令禁止非法种植的毒品原植物，不管非法种植的数量多少，一律应予以铲除。

第二课

沾染毒品将走向自我毁灭

近年来，吸毒低龄化的趋势越来越明显，令人担忧。虽然很多同学都知道毒品是有害的，但是对吸毒的危害性和戒毒的艰难性仍然缺乏深刻的认识。甚至有些同学会在好奇心的驱使下去尝试毒品，以为只是一两次，凭自己的意志力就可以战胜毒瘾，完全低估了毒品的巨大危害性，从此深陷毒潭，难以自拔。

一、毒品的巨大危害

毒品给人类带来的危害是多方面的，吸食毒品不仅对吸毒者本人，而且对家庭和社会都会造成极大的危害。

1. 毒品作祟摧残身心

· 毒品会摧毁吸毒者的身体健康

各类毒品对消化系统均可造成损害，导致消瘦、营养不良、便秘、肠胃功能紊乱等症状。长期吸毒会导致记忆力衰退、营养严重不足、抵抗力下降，毒品能破坏人体的正常生理功能和新陈代谢并导致多种疾病，使身体免疫力下降，如果吸毒过量还会造成突然死亡。另外，得不到毒品时，失去理智、痛苦万分的吸毒者甚至会自伤、自残和自杀。

· 毒品会蚕食吸毒者的精神，扭曲意志和人格

吸毒者毒瘾发作时，不仅无法进行正常的生活、学习和工作，而且会变得以自我为中心、不关心他人、爱撒谎、丧失责任感。吸毒者会逐渐失去人格，

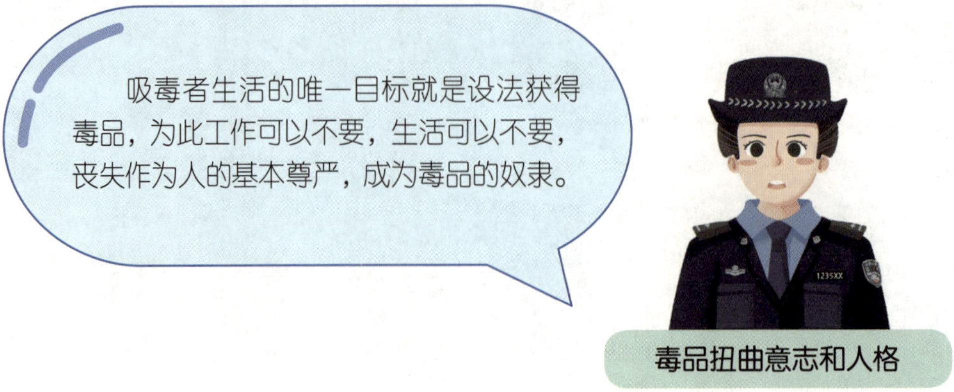

毒品扭曲意志和人格

不顾廉耻，丧失自尊，一切思维和行为都离不开获取毒品和吸毒，只认毒品和金钱，变得人不像人，鬼不像鬼。

2. 毒品为祸殃及家庭

毒品会让原本幸福、美好、宁静的家庭遭到毁灭性的打击。吸毒者在毒品的侵蚀下会失去对家庭的责任感，摒弃对家庭的情感，像“变了一个人”。毒品能把原本牢固的家庭关系轻易摧毁，破坏和谐的家庭生活。

吸毒会影响人类的生育能力，母亲吸毒会阻碍胎儿的发育，对胎儿健康和儿童生长造成严重损害。据观察，成长在父母吸毒的家庭环境里，孩子常常伴有不健康的心理，有的甚至是近乎疯狂的变态心理，行为也往往具有攻击性和反社会性，容易走上犯罪道路。

3. 毒品泛滥危害社会

吸毒不仅会危害个人和家庭，而且也会给社会带来严重的危害。

· 毒品滋生违法犯罪

吸毒是犯罪的起始，每个吸毒者都是影响社会稳定的潜在破坏分子。吸毒者在耗尽个人和家庭钱财后，为了维持毒品“供给”，往往会铤而走险，走上违法犯罪的道路，进行以贩养吸、贪污、诈骗、盗窃、抢劫等犯罪活动，严重危害社会治安。

· 毒品吞噬巨额财富

毒品需要大量的金钱购买，毒瘾又让吸毒者想尽办法甚至变卖家产也要得到毒品，导致一个个原本富裕的家庭倾家荡产、家破人亡、众叛亲离。许多吸毒者即使因为毒品家徒四壁、债台高筑，也控制不住自己继续沉迷在毒品中。

毒品是个吞噬金钱的无底洞，是真正意义上的销金窟。吸毒还会严重损耗社会财富，破坏社会经济的良性循环，造成大量恶性消费。

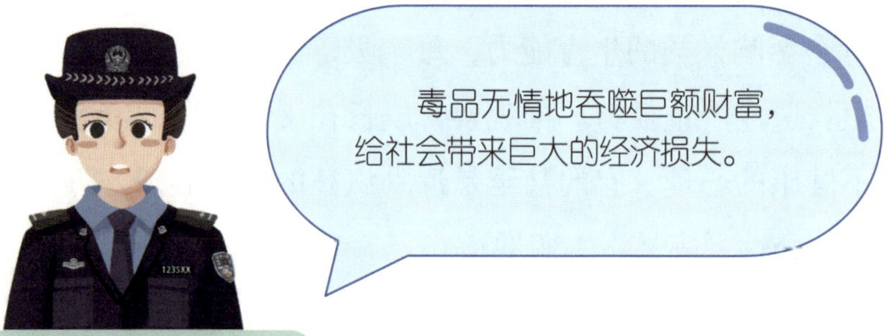

毒品吞噬巨额财富

· 吸毒助长疾病传播

吸毒不仅损害本人健康，还会造成乙型肝炎、性传播疾病的传播等公共卫生问题，其中最严重的是艾滋病的感染和传播。

· 毒品造成环境污染

制毒产生的废气、废水、废料对植被、水源和空气造成严重污染，吸毒者弃用的针头、针管等还会传播艾滋病等，威胁他人身体健康。

4. 青少年吸毒危害更大

青少年的心理尚未成熟，自控力薄弱，毒品、酒和香烟对青少年的诱惑力更大。此外，青少年容易陷入从众心理或落入好奇心、虚荣心的陷阱，当身边有人在尝试“新奇”的东西时，他们更容易去尝试。一旦吸毒成瘾，会导致记忆力衰退、营养严重不足、抵抗力下降、多种疾病发生，使正在发育中的身体遭到不可逆的损害。

青少年吸毒不仅在当下会给自身、家人带来了极大的危害，而且还会给自己的未来带来很多不利：很多单位招聘员工时明确表示不接受有吸毒史的人群；有吸毒史被列入吸毒人员动态管控系统后，无论是坐火车、乘飞机、住宾馆，但凡使用身份证的地方，总会进行例行检查；为了减少毒驾现象，保障驾驶者和他人的生命安全，法律规定吸毒者必须戒毒后经过检验才能考取驾驶证，驾驶车辆。对于曾经有吸毒史的人来说，拿到驾照比一般人难度更大。

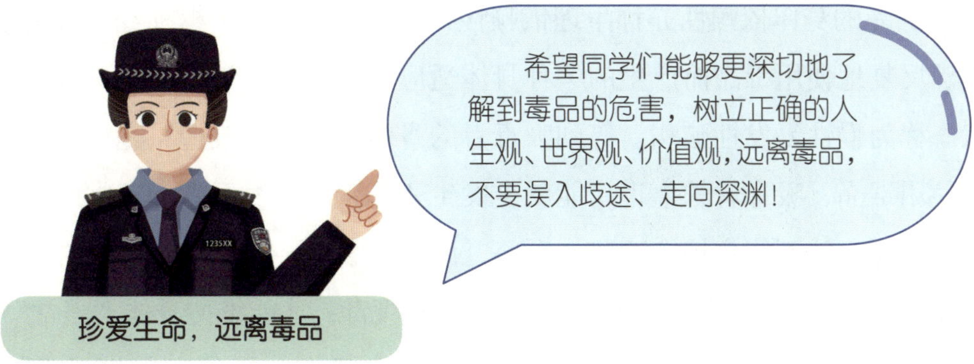

二、毒品的“魔性”

我们在各种新闻报道里看到的吸毒者，往往形销骨立，身体健康已经受到很大的损害，即便如此，他们也完全不去考虑身体情况，着魔似的继续疯狂地寻找毒品吸食。那么毒品为什么有这么大的“魔性”，能让人成瘾？

1. 毒品成瘾的表现

毒品成瘾又称为毒品依赖。不管是什么人，只要你沾染上毒品，都会产生双重依赖：身体依赖和精神依赖。

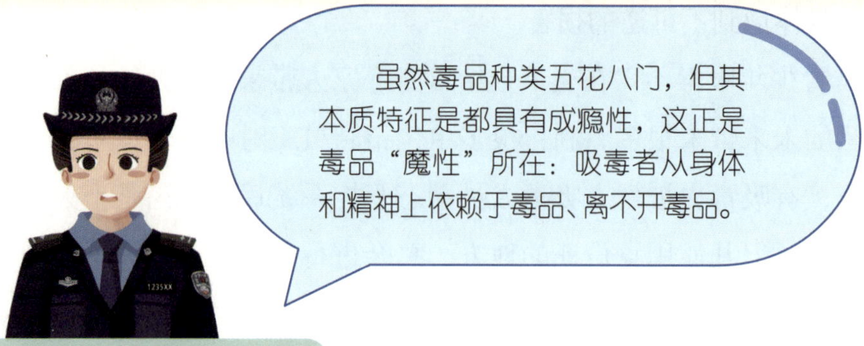

毒品的“魔性”：毒品具有成瘾性

· 毒品的身体依赖性

毒品的身体依赖性亦称生理依赖性，它是吸毒者的中枢神经系统由于长期、反复地使用毒品而产生的一种身体适应性状态。医学专家把这种适应性状态称为慢性复发性脑病。等到吸毒者的身体被毒品“改造”完成，一旦停止使用毒品，吸毒者的生理功能就会发生紊乱，出现一系列不正常的严重的生理反应，如不能自控，撞墙、自残、满地打滚，甚至做出许多正常人难以想象的事情，也称戒断反应。只有重新开始吸毒，才能维持身体“正常”。

于是，吸毒者为了保持所谓的“正常”状态，必须不间断地吸食毒品。如此恶性循环，吸毒者的身体对毒品的适应性会越来越强，需求量也越来越大，对毒品的依赖性日益增强。

· 毒品的精神依赖性

毒品的精神依赖性亦称心理依赖性。这是毒品对人的中枢神经系统所产

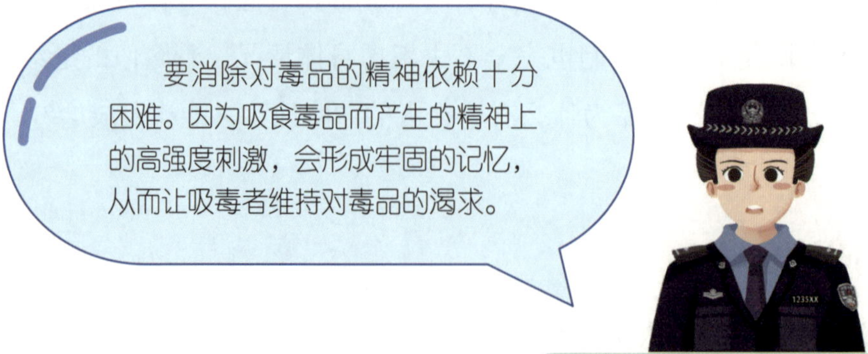

对毒品的精神依赖让人堕落成“魔”

生的一种特殊的精神效应。这种精神效应表现为吸毒者对毒品的心理依赖，是吸毒者依赖毒品的心理动力，通俗一点说，毒品主宰了吸毒者的整个精神世界，毒品控制了吸毒者的大脑。

2. 毒品成瘾的原理

毒品成瘾的原理与人脑的奖励系统以及多巴胺的合成有关。

我们的大脑能够合成和释放上百种神经递质，每种神经递质在调节我们的行为、情绪和认知方面起着不同的作用，其中最著名的就是多巴胺。

当人参与了某项令人愉快的活动，会刺激神经突触中的多巴胺被释放。然后，多巴胺会刺激神经元，将信号沿着神经网络一路向前传递，这种刺激就产生了愉悦的感觉或奖励的效果。

对于一个健康的人来说，奖励系统会强化对人体有益的行为。例如情感交流、社交、运动、饮食等行为中能给人带来愉快和难忘的感受就来自人脑的奖励系统。

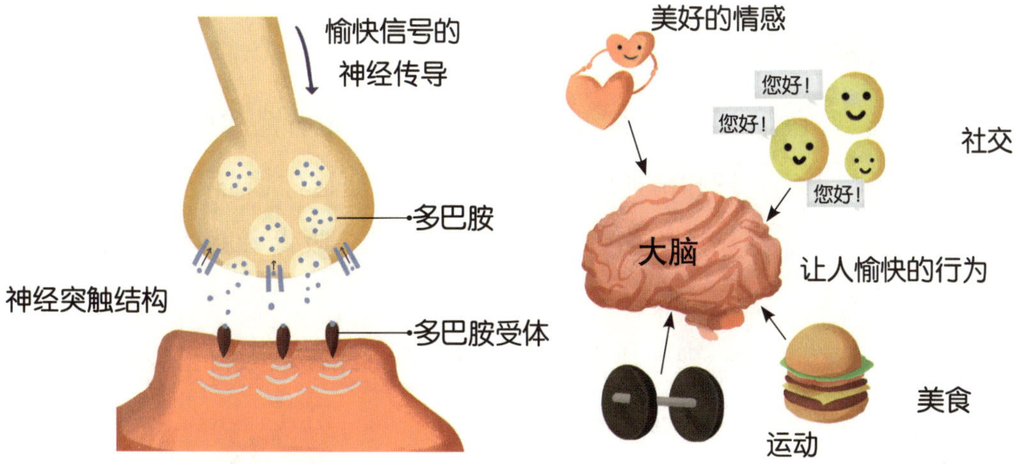

毒品会增加奖励途径中的多巴胺，如海洛因及其他毒品均会促进多巴胺释放。这些不同的毒品会产生共同的结果，让我们的多巴胺积累量比正常情况多得多。这会导致吸毒者经历长时间强烈的快感。

毒品改变了奖励系统与大脑其他部分的交流方式，从而影响情绪、运动、推理和决策。由毒品引起的多巴胺激增，最终会使奖励系统失去敏感性。该系统不再对日常刺激做出反应，唯一值得奖励的刺激变为吸毒，从而导致毒品上瘾。

吸食毒品一段时间后，低剂量的毒品也会失去奖励能力，人体需要更高剂量毒品才能达到奖励效果，这样不断累积最终导致毒品对人体造成不可逆的伤害。

让我们保持快乐的办法有很多，产生快乐的多巴胺并非只能从毒品中获取。在最开始就不应当尝试用毒品获得快乐，而是不断让自己的生活更充实、更丰富，找寻让自己愉快的事物，获得成就感与满足感，这样才能获得健康的源源不断的快乐。

在生活中找到快乐

3. 毒品成瘾的后果

吸毒成瘾后，吸毒者终日思考的问题都是如何获取毒品和如何吸食毒品，毒品几乎成了吸毒者心理和精神生活的唯一内容。在这种状态下，属于“人”的一切，包括尊严、情绪、人格，都仿佛不复存在，吸毒者就像一具没有思想的肉体，活着就只是为了吸毒。

毒品的成瘾性，在心理上让吸毒者一心想着毒品，放大自己吸食毒品的不可遏制的欲望；在身体上造成吸毒者痛苦难耐，万念俱灰，产生让人恐惧的戒断症状。毒品成瘾会对吸毒者的心理和精神产生强大的压力和动力，使得吸毒者在一时渴望一时恐惧的旋涡中无法控制自己，只能在毒品的操控下走向绝路！

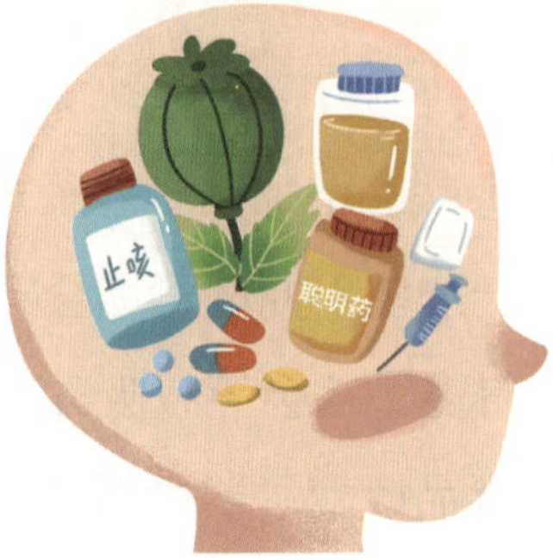

毒品的成瘾性十分强大，是人类难以自我控制、自我戒断的，同学们千万不能轻视毒品的成瘾性，抱着“试试就戒掉”的想法尝试毒品，那会让你后悔终生！

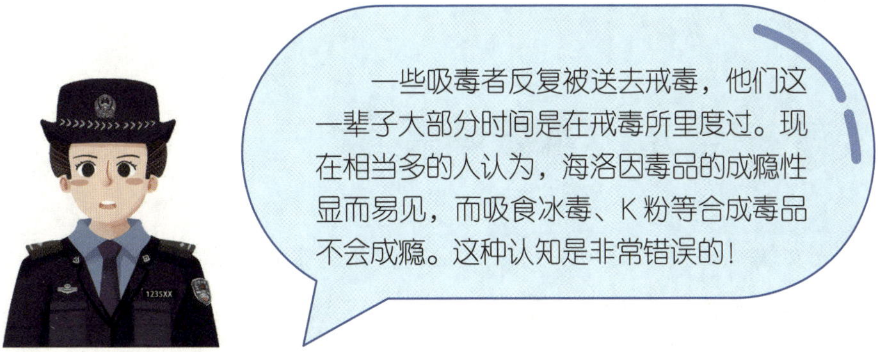

Tips

6 · 26 国际禁毒日

国际禁毒日，全称是禁止药物滥用和非法贩运国际日，即国际反毒品日，为每年的 6 月 26 日。

1987 年 6 月 12 日至 26 日，联合国在维也纳召开由 138 个国家的 3000 多名代表参加的麻醉品滥用和非法贩运问题部长级会议，会议提出了“爱生命，不吸毒”的口号。议会代表一致同意将 6 月 26 日定为“国际禁毒日”，以引起世界各国对毒品问题的重视，同时号召全世界人民共同来解决及宣传毒品问题。

拓展延伸

笑气一点儿也不好“笑”

近几年，在年轻人常去的娱乐场所，笑气常常装在气球里，以“吹气球”的形式传播和使用。笑气又称一氧化二氮，吸入它会刺激人体释放内啡肽，从而产生愉悦感，短时间内吸食者可能发出不自觉的笑声或出现嗓音的改变。吸食者在吸食笑气时往往会感到一股甜香味，这也是笑气在娱乐场所被滥用的另一个诱因。

2019 年 1 月 4 日，某市公安局大路派出所接到一位家长报警，称其正在读高中的孩子刘某已失联多日。接警后，民警开始全力寻找孩子。次日中午，警方在一家洗浴中心找到了刘某，发现他精神恍惚、情绪异常。经过跟刘某耐心沟通，发现他在离家出走的这几天吸了大量笑气，吹了很多“气球”。刘某交代是通过朋友圈买的笑气，据说能缓解压力，他觉得新鲜就买来试试。民警根据这一线索，将嫌疑人陈某抓获，并当场搜出非法笑气 8000 余支。陈某从南方某地大量购买笑气，通过手机朋友圈兜售给青少年，买家付款后利用快递人员运送。

根据案例，讨论以下几个问题：

（1）吸食笑气的刘某会给自己和家人带来怎样的影响？

（2）将笑气大量贩卖给青少年的陈某，会造成多大的损害？要接受怎样的法律制裁？

“笑”里藏刀的笑气

笑气的学名是一氧化二氮，它具有轻度麻醉作用，吸入笑气后，能短时间让人心情舒缓，降低焦虑。不少青少年被误导，以为“笑气”不是毒品，不会成瘾，可通过吸食的快感来排解压力和苦闷，由此一步步坠入吸毒的深渊。

Tips

吸毒的检测方法

检测程序

（1）现场检测由县级以上公安机关或者其派出机构进行。

（2）实验室检测和复检由县级以上公安机关指定的取得检验鉴定机构资格的实验室进行。

（3）实验室检测和实验室复检不得由同一检测机构进行。

检测内容

检测样本为采集的被检测人员的尿液、血液或者毛发等生物样本，所以只需要收集这样的一些样本就行。目前毒品检测主要是进行尿液检测，主要的特点是快速、方便、便携、准确率高等。

常见的一些毒品吸食后的检测时间

（1）吗啡、海洛因检测呈现阳性的时间为用药后 2 小时至 4 天。

（2）冰毒检测为阳性的时间是使用后的 1 小时至 3 天。

（3）摇头丸检测为阳性的时间在用药后的 1~5 小时。

（4）K 粉检测为阳性的时间在用药后 2~4 小时。

（5）大麻检测为阳性的时间在用药后的 2~6 小时。

（6）可卡因检测为阳性时间在用药后的 4 小时至 1 天。

第三课

对毒品坚决说不

青少年容易被新鲜事物吸引，因为心性还不够成熟，情绪容易波动，也容易受环境影响。许多高中生误服毒品都是缘于被“朋友”蛊惑、教唆，或者是受不良情绪的支配一时冲动而去尝试，然而这一次尝试可能就是“一失足成千古恨”。因此，同学们要真正成为毒品的“绝缘体”，就要筑牢心理防线，向毒品坚决说“不”！

青春不是挥霍的筹码，健康是宝贵的财富，让我们一起牢固树立“健康人生、绿色无毒”的理念。积极参与禁毒，从自己做起，学习如何做好自我保护，远离毒品。

毒

珍爱生命

——远离毒品——

一、面对毒品 8 种心理要不得

毒品是社会的毒瘤，会严重摧残青少年的身心健康。吸毒上瘾后，不仅容易导致各种疾病，而且会逐渐心理变态，失去尊严与人格。缉毒民警告诉我们，青少年吸毒，往往是从心理上放松了警惕开始的。那么面对未知的毒品时，我们要警惕哪些危险的心理呢？

· 好奇心理

许多涉世未深的青少年多是在某些场合看到别人吸毒或者在别人的诱惑下，觉得吸毒新鲜、刺激、好玩，抱着试试看的好奇心理而染上毒品，并逐渐深受毒害而不能自拔。据统计，在不同年龄群体中，青少年吸毒人员因好奇而尝试吸毒的比例最大。

· 刺激心理

刺激心理是指企图通过吸食毒品来寻求精神刺激的心理状态。抱有这种心态的往往是这样一些人：遭受挫折打击后一蹶不振的人、深感生活无聊的人、梦想事业有成却经常不如意的人，而鸦片、吗啡、海洛因、可卡因、冰毒等毒品却能让人在瞬间产生一种强烈的冲击感，暂时弥补他们的空虚感。

· 即乐心理

即乐心理是指把毒品作为及时行乐的一种工具。抱有此种心理的人通常或文化素质较低、或自以为看破红尘、或人生目标较高，理想与现实差距太大而无所适从，他们抱着“今朝有毒今朝醉”“过一天算一天”的想法，借助毒品来麻醉自己、回避现实，获得短暂的解脱和满足。调查结果显示，那些有心理障碍、曾遭受重大挫折或精神打击的人，容易选择毒品作为情感宣泄的工具。

· 依赖心理

依赖心理是指对毒品产生强烈成瘾性的心理。多数吸毒者在停止吸食、注射毒品 36 小时后戒断症状反应剧烈，吸毒者因依赖毒品而无法控制自己，往往通过不正当的方式来获取更多的毒品，满足吸食的需求，即便被强制隔离戒毒后，成瘾的心理也很难彻底去除，“瘾君子”的复吸率高达 90%。

· 侥幸心理

侥幸心理是指心存可以侥幸逃脱的心理。吸毒人员经常抱有认为吸一次或吸几次不会上瘾的想法，心怀侥幸，一试再试，最终让自己坠入深渊。

· 冒险心理

冒险心理和侥幸心理有所类似，但却更进一步，是指吸毒者受到巨额利润的驱动，甘愿冒着被法律制裁的风险去贩毒的心态。由于毒品贩卖是“一本万利”的“行业”，在巨额利润的驱使下，即使只有千分之一甚至万分之一的成功概率，他们也会铤而走险。实际上贩毒者终难逃法律的制裁。

· 逆反心理

逆反心理是指吸毒者因情绪影响而做出的与社会道德规范相反行为的心理表现。此种心理在青少年毒品犯罪中最为普遍。同学们要牢记毒品的危害，认识到忠言逆耳利于行，不要因为一时冲动而毁掉自己美好的人生。

· 绝望心理

绝望心理是指吸毒者在身心受毒品伤害后造成无法挽救局面时极度失望的心理。吸毒者有时主观上也想尽快停止，远离毒品，但是因成瘾较深，戒毒在客观上又比较艰难，从而产生难以摆脱的绝望心理，自暴自弃对生活和前途完全失去信心，甚至想以自杀来结束自己的生命。

二、提升防毒意识：一朝沾毒一生戒毒

多数青少年初次吸毒是出于好奇，在明知可能是毒品的情况下进行尝试，还有许多青少年是因警惕性不够而沾染毒的。据 2020 年的资料统计，吸毒人员中尝试新型毒品的青少年比例超过 75%。“一朝沾毒一生戒毒”，同学们要树立牢固的防毒意识，切实认识到不但吸毒对人有百害而无一利，而且一旦沾染毒品将会付出沉重的代价。

1. 毒品谣言，不要轻信

不要相信毒品不上瘾的说法。不管是什么样的毒品，都会成瘾。新型毒品的戒断症状不如鸦片、吗啡、海洛因等传统毒品明显和强烈，但不代表其不形成瘾癖，新型毒品甚至可能更容易上瘾，而一旦上瘾，吸毒者很容易转向毒性更强的毒品。

不要相信毒品带来的快感。毒品能够带给人们的快感是短暂的、虚幻的、危险的，这种快感背后伴随的是对身体的伤害、对青春的透支、对自我的放纵，这种交换永远是不等式。真正的快乐不是靠药物，而应该靠我们的智慧和我们的付出去创造。

不要轻信毒品可以减肥或使人长时间工作、学习而不觉疲劳。吸食毒品短期来看好像是减轻体重了，其实质是降低人吸收营养的能力和免疫力，或者使人过度亢奋，使用毒品对人体的损伤，尤其对神经系统的损伤，是不可逆转的。

不要相信毒品对学习有帮助。也许少量服用所谓的“聪明药”能够提高注意力，但它其实是治疗精神疾病的药物，正常人在没有医嘱的情况下乱吃只会对身体有害。目前也没有研究能证明吃了这类药物会变聪明。因为竞争压力、学业压力而服用“聪明药”，想通过这种手段来获得成功，最终可能聪明反被聪明误。

2. 入口饮食，提高警惕

奶茶、曲奇饼干、巧克力、饮料……谁能想到这些生活中常见的、深受同学们喜爱的食品、饮料，有时竟会是毒品的伪装品。新型毒品的伪装形式可谓是形态各异、五花八门，不法分子给毒品套上美丽的外衣，让同学们深受其害。

要怎么分辨那些做了伪装的“食物”呢？正规的饮料零食，即使是赠品也大多会在外包装上标识生产厂家、生产日期、保质期、成分表等信息，而新型毒品尽管在外包装上做出了修饰，却往往没有标识这些细节。

入口饮食，提高警惕

以饮料伪装形式出现的新型毒品大多都有一个华丽的包装，而且定价都非常昂贵。比如最近就有一些“毒饮料”包装上印着“保时捷”“法拉利”品牌。通过五颜六色的包装或是奢侈品品牌“加持”，这些“饮料”伪装为无害、无成瘾性的时尚饮品，极易吸引青少年，并让青少年丧失警惕。这样的“品牌”饮料或是其他形式的新型毒品，让青少年觉得这是一个高档的商品，能带来奢侈的享受，甚至让年轻人产生错觉，认为吃这些零食饮料是非常时尚的行为，并且能从中寻求刺激感。因此，如果看见一些包装稀奇且没有生产标识的饮品零食，一定要提高警惕。

与第一代、第二代毒品不同的是，第三代新型毒品会直接作用于人的中枢神经系统，若长期吸食毒品就会导致精神症状。此外新型毒品会让吸食人员产生更为强烈的生理和心理依赖，非常容易成瘾，并且这类心理依赖往往隐蔽性极强，不易发觉。

新型毒品包裹在诱人的伪装下，一旦被诱惑染上了毒瘾，造成的代价需要用一辈子去承担。因此，请提高心理防线，陌生的饮食一定要检查包装上的信息，确定是合法合规的食品才能入口！

三、洁身自好，永不试毒

处于青春期的青少年，正是寻求群体认同感的时候，特别容易受到同伴的影响。我们相信朋友的一言一行，为了维护友谊而尝试朋友喜欢的事，为了获得尊重而不断证明自己……但这些行为有时不一定能获得真挚的友谊，甚至还会带来身心伤害。从吸毒的青少年的情况来看，其中相当一部分是因为交友不慎走上吸毒歧途的。因此，哪怕是朋友带来的东西，只要觉得怀疑，或来历不明，都不能轻易尝试，要保持理性，不要碍于面子不好意思说，要果断拒绝，必要时要告知老师、家长等，千万不要有侥幸心理。你不知道你的“朋友”递过来的是不是通往深渊的钥匙，在任何时候，不明来源的食物都值得我们万分警惕。

高三学生小杜经初中同学介绍与社会人员刘某相识。这位初中同学早已辍学，同刘某混在一起终日无所事事。刚开始，小杜与刘某一起吃喝玩乐，悠闲自由，时间长了，小杜感觉耽误学业，有断绝来往的想法。刘某察觉后，有意敲诈小杜一笔钱财，通过电话把小杜骗了出去，要求小杜补偿此前的开销，小杜说没有钱，刘某通过持刀威胁，言语恐吓，从小杜身上搜走 400 元，并逼迫他写下 1 万元的欠条。小杜妈妈察觉情况不对电话报警求救，民警经过调查迅速出动解救了小杜，并抓捕了刘某等人。原来刘某强行带走小杜后，不仅殴打小杜，为抓住其把柄还计划强迫他吸食冰毒。还好民警发现得早，否则差一点点，小杜就会染上毒瘾甚至不能顺利参加高考。

KTV、酒吧、夜店等成年人消费的娱乐场所是一个鱼龙混杂的地方，因为隐蔽性良好，不法分子往往选择在不正规的娱乐场所进行吸贩毒等违法犯罪活动，因此未成年人不应进入这类娱乐场所。和朋友聚会时陌生人的食物、陌生人递过来饮料，或者包装稀奇古怪的饮料、食物，我们千万不要去尝试。有时候只要小小的一滴毒品，可能就会让你落入吸毒的深渊。

同学们一定要洁身自好，自觉抵制毒品的诱惑，切莫沾染毒品。一旦沾染毒品，“一失足成千古恨”，所带来的危害不堪设想。

拓展延伸

正确对待负面情绪

许多吸毒的青少年最开始接触毒品是为了排解生活中的负面情绪，试图以吸毒逃避现实，麻醉自己。高中生生活上的烦恼不大，但因烦恼产生的情绪却很丰富，比如父母离异、家庭关系紧张、学习压力大、师生关系不好等，都有可能导致精神苦闷，情绪低落。

这节课教同学们学会正确对待自己的负面情绪，避免因此而误入歧途。

容貌秀丽的阿珍初中毕业才两年，谁也想不到，今年 17 岁的她“毒龄”竟已有两年多了。据阿珍称，是她那个畸形的家将她逼上了这条路，为了寻求解脱，她才借“烟”消愁，结果愁没消去却把自己“吸”进了戒毒所。

阿珍的父母在她 13 个月大时便离异了，她从小被一对结婚多年未曾生育的夫妇认养。阿珍承认，起初养父母对她很好，吃的、穿的无不关爱有加。但当她 7 岁时，养母生下了弟弟后，她又成了“累赘”，成了家中的“保姆”，每天做饭、打扫卫生、看管弟弟等什么杂务都“承包”了。面对曾经全心全意的关爱、亲情和如今被冷落产生的落差，阿珍不止一次在夜里躲在被子里偷偷哭泣。缺乏家的温暖和关爱，阿珍的学习成绩一落千丈，慢慢对学习也失去了兴趣，她开始结交一些社会上的“朋友”寻求慰藉。有一天她见几个朋友躲在一个隐蔽的角落里抽“烟”，他们说抽了这种烟就能忘了烦恼，于是她凑了上去，学着他们的样子狠命吸了一口……就这样，阿珍逐渐染上了毒瘾。

> 我们在日常生活中会产生各种负面感受，包括紧张、不安、难过，也会产生一些负面想法，包括成绩退步怀疑自己的能力、和好朋友有矛盾产生怨愤、因父母的批评而自责等。因此，同学们要学会正确对待负面情绪。

那么有没有更好的办法帮阿珍调整自己的负面情绪呢？下面我们一起来做个小试验，深入了解自己的负面情绪。请在九宫格的中央写下让你陷入负面情绪的事情，然后在剩余的格子里用红笔写下你的感受，用蓝笔写下你的想法。完成后思考以下问题。

（1）这些产生了负面情绪的事情每个人都会经历，在和其他同学分享了你们的想法和感受后，你有什么发现呢？

（2）你认为，自己写下的想法是事实还是自己的主观感受呢？

我的情绪九宫格

通过情绪九宫格，同学们表达了自己的负面情绪，分享了各自的感受与想法。其实在压力事件下大家的负面感受和负面想法的产生都差不多，所以我们要认识到并不是只有自己在对抗负面情绪，自己也不是特别的那一个。

此外，我们会发现有些带来负面情绪的想法并非事实本身，而是自身的认知带来的主观感受，改变自己的认知，负面的感受也会随之而改变。通过分享同学们彼此的想法和感受，我们可以试着去接纳自己，不随意对自我进行评判，从而逐步减少负面的感受和对负面想法的关注。

知识链接

精神类药品和毒品的区别

很多毒品贩卖时，我们都能看到类似的言论："这不是毒品，是药品，对精神有好处。""没有危害，是合法的药。"我们知道，我国法律对毒品的定义除了已经被明确的毒品名称，如海洛因、可卡因、冰毒等外，还有一些就是能够使人成瘾的麻醉和精神类药品。也就是说，毒品的另一面是药物。

在医学上，吸毒者被称为药物滥用者。实际上任何一款毒品，都能在医学上找到其踪影，因此我们可以看到很多毒品其实都是药品，只是有些是合法但已经弃用，如K粉、氯胺酮；有些是已经非法遭禁用，如海洛因；有些是管制类药物，如度冷丁、曲马多。可以这么说，毒品之所以对人体产生如此大的伤害和成瘾性，都是因为人们的滥用。

要区分精神类药品和毒品，就要明确目的、用途、生产和使用是否违背法律规定和医生安排：合理用于医疗目的、用以为病人解除病痛的就是药品，反之，滥用的就是毒品，麻醉性镇痛剂与部分精神药品就属此种情况，如吗啡针剂、阿片、复方桔梗散、可卡因等；药品是出于医疗的需要，具有医疗价值，而毒品本身不具有药用价值，不是出于医疗目的而生产或使用，现在的海洛因、冰毒及摇头丸等，由于列为非法禁用，因此现在的它们在临床上不具有任何药用价值，仅有毒品单一的属性；违背法律规定生产、使用的药品就是毒品，法律规定范围之内的就是药品。

毒品与药品的区别，就好比是一个硬币的正反两面，既能用于救人，也能祸害人。因此在治疗疾病过程中，如果医生安排使用一些有成瘾性的管制药物，我们一定要听从安排，严格遵医嘱用，不私自滥用，这样就不会对此类药物产生严重依赖。

第四课

从我做起主动禁毒

毒品离同学们并不遥远，因此每个人都要把禁毒当成自己的责任，杜绝毒品借着各种掩护潜入人们的生活。作为年轻的一代，我们要积极主动参与禁毒工作，从自身做起，力所能及地带动并加强身边的朋友、家人的禁毒意识。不仅要提高自身防毒、识毒的能力，而且要把毒品的危害告诉身边的亲友，在自己的周围和社会筑牢毒品隔离带，构建健康阳光的社会环境。

一、珍爱生命，拒绝毒品

1. 在日常生活中，如何预防和抵制毒品

毒品，是恶毒的刽子手，是杀人的恶魔。尽管我国政府不断严厉地打击吸毒、贩毒，但不可否认的是，毒品依然没法赶尽杀绝。毒品可能就潜伏在同学们身边，在人们平静的生活里、在同学们身后，威胁着毫无警惕心的同学们。

为了避免毒品的侵害，同学们可以从以下几方面来学习如何预防和抵制毒品。

（1）主动了解毒品相关的知识，认真学习学校、社区宣传的禁毒法律法规，牢记毒品的危害。

（2）树立正确的价值观，不被虚荣心驱使，盲目追求刺激，不对毒品产生好奇心，养成良好的生活习惯，不吸烟，不喝酒，不赌博。

（3）拒绝来历不明的药物，生病时找专业的医师看病，在医嘱下吃正规途径买到的药物，情绪低落、遭受打击，也应当寻求正当健康的疏解方法。

（4）慎重交友，交好友、益友，不交损友、滥友，不被“讲义气”和从众心理冲昏头脑，避免受身边有不良习惯的人的影响。

（5）尽量不去娱乐场所，警惕各种陷阱、诱惑，离开视线范围内的饮食不要入口，更不要接受陌生人的饮料。

（6）当受到他人胁迫吸毒时，冷静下来，机智应对：假装顺从，让对方放松警惕，观察周围环境，趁犯罪分子不注意时，抓准机会迅速逃离或者在有人经过时大声呼救。逃离后要马上求助父母、老师或警察，通过他们的帮助，才能第一时间保障自身的安全，并将犯罪分子绳之以法。

（7）如果不幸被迫吸毒，事后一定要第一时间告诉家人和老师，在成年人的陪同下报警，去医院检查身体，如果有需要，可以联系专业人士寻求帮助。

2. 如何判断他人染上毒瘾

同学们不仅需要躲避毒品，也需要注意那些已经吸食过毒品的“瘾君子”。因为他们是危险的源头。毒瘾发作时，吸毒者容易出现狂躁情绪，甚至做出过激行为，为了得到更多的毒品，他们会把魔爪伸向他人。

了解一些吸毒者的特点，就能更好地保护好自己和家人。

（1）吸毒者一般面色晦暗、食欲缺乏、身体消瘦。

（2）吸毒者刚开始吸毒时往往无故旷课，学习成绩突然一落千丈。

（3）吸毒者会长时间躲在房间，不见家人和朋友。

（4）吸毒者情绪不稳定，没有理由的焦躁易怒、淡漠、沮丧，经常对老师、同学发脾气。

（5）吸毒者会突然向父母索要金钱，向朋友借钱，甚至偷窃。

（6）吸毒让人变得懒散、疲沓，不遵守纪律，每天无精打采，交谈时前言不搭后语、言语重复。

（7）吸毒者外出行动鬼祟，无故出入偏僻的地方，突然和一些不熟悉的可疑人物有密切交往。

（8）吸毒者的房间、桌子往往藏有毒品，或藏有吸毒工具，如锡纸、吸管、卷起来的纸钞、小号塑封袋、注射器、烧锅、上方钻孔的瓶子，等等。

3. 发现家人或朋友吸毒该怎么办

有些人在发现家人或朋友吸毒时，选择隐瞒，他们觉得丢面子，拒绝承认，并试图替吸毒者遮掩。他们期望能说服亲友不再吸毒，或者在自己的帮助下成功戒毒。这种侥幸的想法要不得，吸毒者沾染毒品后，身体和精神都遭受了巨大的破坏，人格上已经发生改变，自行戒毒变得非常困难，成功的概率低，已经损害的健康也不能挽回。隐瞒亲友吸毒的事实，不仅帮不了吸毒者，还很有可能伤害到自己。

当同学们发现他人染上毒品，举报是最正确的做法，即使是亲人好友，也不能以爱的名义纵容他们犯错，因为这不是对他们好，纵容只会让他们在毒品的深渊里越陷越深，危害自己的生命健康，甚至危害身边的人。

那同学们应该怎么做呢？

如果发现身边的朋友、同学出现被引诱的吸毒行为或无意识的疑似吸毒的危险行为，比如常出入一些聚会场所、偏僻的角落，首先要劝他离开这个环境，离开这些可能引诱他使用毒品的人。如果有必要可以想办法举报，等回到安全的环境，立刻寻求戒毒所或者社区工作人员的帮助。

当看到周围的朋友在主动吸毒时，要根据当时的情况随机应变，如果不方便报警，那么首先要保护自己的安全。吸毒的人会变得敏感多疑，还有暴力倾向、幻觉幻听，总感觉有人要害他。因此我们要时刻警惕，拒绝吸毒者的邀请和引诱，安抚对方情绪，顺利离开吸毒环境后，也要尽量避免再和他单独相处。沾染了毒品的朋友已经不再是曾经友善亲切的朋友，为了自身的安全，先保证远离吸毒者，再寻找机会报警。只有举报给公安机关，帮助他们去正规场所戒毒，才是对他们真正的帮助。

二、未成年人吸毒的法律后果

毒品是指鸦片、海洛因、冰毒、吗啡、大麻、可卡因以及国家规定管制的其他能够使人成瘾的麻醉药品和精神药品。不是只有吸入毒品才叫作“吸毒”，通过各种方式，包括口吸、鼻吸、口服、注射等摄入毒品的，都算吸毒。

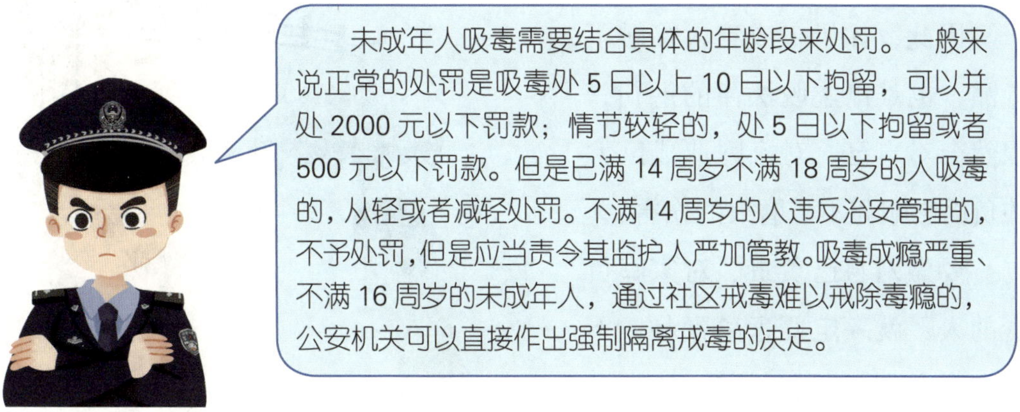

吸毒不是犯罪，但根据我国相关行政法规规定，涉毒人员的违法记录不但不会消除，还将在今后相当长的一段时间内被纳入动态管理。如入住宾馆时会有人来查房、每月定期尿检等。

同时，虽然单纯的吸毒多按照一般的违法行为来处理，给予未成年人行政方面的处罚。但吸毒意味着肯定要持有毒品，当持有毒品的数量达到了一定标准时，就会认定为非法持有毒品罪，这种情况下未成年人吸毒就会构成犯罪了。很多未成年的吸毒者都是因为构成非法持有毒品罪，而被认定为刑事犯罪，依法被追究刑事责任。

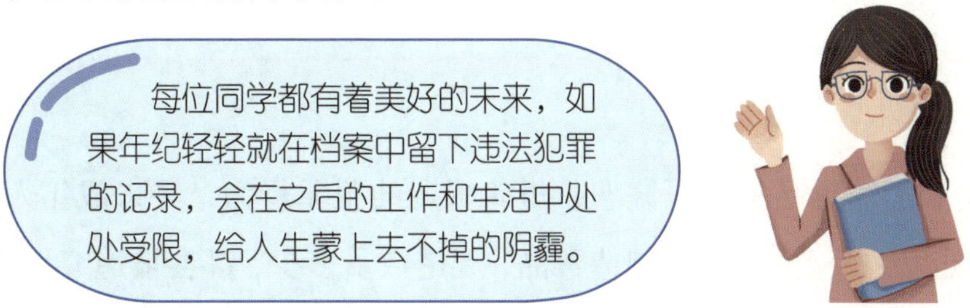

有的同学心存侥幸心理，以为自己偷偷吸毒，只要没被发现就不会受到处罚。根据《戒毒条例》第四条，县级以上地方人民政府设立的禁毒委员会可以组织公安机关、卫生行政和药品监督管理部门开展吸毒监测、调查，并向社会公开监测、调查结果。县级以上地方人民政府公安机关负责对涉嫌吸毒人员进行检测，对吸毒人员进行登记并依法实行动态管控，法网恢恢疏而不漏，切莫有侥幸心理。

因此，如果未成年人接触了毒品，也难以逃脱法律的惩罚，依然会对自己、对家庭造成巨大的负面影响和不可磨灭的伤害。

要做对自己负责、对家庭负责的人，就一定要远离毒品，不要走上令家人朋友蒙羞、让自己后悔终身的道路。

三、未成年人运毒贩毒的法律后果

贩卖和运输毒品是不可饶恕、毋庸置疑的犯罪行为，是未成年人八类犯罪之一。走私、贩卖、运输、制造毒品，无论数量多少，都会被追究刑事责任，予以刑事处罚。

2011 年 11 月，17 岁的小荣经同样 17 岁的小辉介绍，一同乘车至某 KTV 附近。小荣以 500 元的价格向他人购买 1 包重约 16 克的氯胺酮，并与小辉一同带至某区。途中，小荣从购买的氯胺酮中取出一小部分供小辉吸食。后小荣将氯胺酮分成 80 小包，并将其中的 50 小包分别售卖，共得人民币 900 元。2011 年 11 月 29 日，小荣被抓获，公安机关在其乘坐的轿车上查获氯胺酮 11 包（共 2.16 克）及人民币 187 元。

《最高人民法院关于审理毒品犯罪案件适用法律若干问题的解释》规定了各类毒品犯罪的定罪量刑标准，走私、贩卖、运输、制造鸦片 200 克以上不满 1000 克、海洛因或者甲基苯丙胺 10 克以上不满 50 克或者其他毒品数量较大的，处 7 年以上有期徒刑，并处罚金。走私、贩卖、运输、制造鸦片不满 200 克、海洛因或者甲基苯丙胺不满 10 克或者其他少量毒品的，处 3 年以下有期徒刑、拘役或者管制，并处罚金；情节严重的，处 3 年以上 7 年以下有期徒刑，并处罚金。案例中的郭小荣、郭小辉的行为已构成贩卖、运输毒品罪，而且郭小荣的行为属于情节严重。但二人犯罪时都未满 18 周岁，依法应当从轻或减轻处罚。最终，依照刑法有关规定，郭小荣判处有期徒刑 1 年 6 个月，缓刑 2 年，并处罚金人民币 1000 元。郭小辉判处有期徒刑 7 个月，缓刑 1 年，并处罚金人民币 500 元。

同学们，不要贪图贩毒运毒获得的利润，抱有侥幸、冒险的心理，要正确认识到贩毒运毒的严重后果，增强法律意识和禁毒意识，远离毒品！

四、误食毒品怎么办

当前全世界对毒品的打击力度不断加大，传统毒品逐渐销声匿迹，或暂时潜藏起来，或变得更加隐蔽，一些犯罪分子将制贩毒目标转到新型毒品上来。他们把人工化学合成的致幻剂、兴奋剂类毒品外观做成各式各样的零食饮料，这种新型毒品无论在包装上还是在吸食方式上，都更为隐蔽，更容易混淆于普通食品，让人放松警惕，防不胜防。

很多新型毒品无色无味，被犯罪分子兑进饮料中完全没有痕迹，青少年有时出于好奇心，或者在交谈中没有留心，又或者对面就是熟人和朋友，不知不觉就服下了毒品；也有一些新型毒品特征明显，于是犯罪分子在外面包裹上相似颜色的零食包装，把毒品伪装成新奇的零食；有时在聚会中，面对看似随意的分享，受氛围迷惑，不知不觉吃下了来历不明的掺杂了新型毒品的食物……

这些犯罪分子诱骗的手段层出不穷，让人一不小心就中了招。甚至还有些不法分子以此为要挟，让你一步一步落入圈套，从而陷入毒品深渊无法自拔。

误食了毒品怎么办？会不会上瘾？会不会坐牢？当我们发现自己不太对劲，可能误食了毒品时，不要惊慌，先冷静下来，按下面的方法尽快处理。

如果是当时就发现不对，可以采取一些紧急措施，如大量饮水或催吐，在毒品进入消化系统之前排出体外是最好的。如果已经晚了，也不要着急，误食毒品与误食其他有毒有害食品一样，可以多喝水、多出汗，通过加快代谢，把有毒物质尽快排出体外。

如果身体已经出现了不良反应才意识到，不要过于害怕，第一次误食毒品还没到无可挽回的地步。每个人的体质都有所不同，毒品的确非常容易上瘾，但一般第一次吸毒，特别是误吸，成瘾性不会很强。出现不良反应之后，第一时间去医院检查身体，寻求专业人士的帮助，一定能摆脱毒品的伤害。

误食毒品会不会有法律处罚呢？同学们不用太过担心。如果在不知情的情况下误食毒品，不会涉及治安违法或者刑事责任，但要及时到公安机关主动说明情况，由公安机关协助进行毒品检测，对误食毒品种类作出明确诊断，以便给后续治疗提供最有效的解毒措施，尽快将毒物排出体外，最大程度上减少毒品对身体的伤害。

Tips

误食毒品的表现

抑制剂类毒品：该类毒品有镇痛、镇静作用，可产生抑制呼吸、恶心、呕吐等症状，中毒表现为呼吸抑制、瞳孔缩小，甚至昏迷等。

兴奋剂类毒品：该类毒品可产生神经兴奋和欣快感，中毒表现为血压增高，心率加快，甚至出现心衰、瞳孔散大等。

致幻剂类毒品：该类毒品对脑干和边缘系统有兴奋作用，能使意识和感觉分离，中毒表现为出现幻觉、类似精神病患者的表现等。

拓展延伸

小心！不要落入运毒陷阱

高中生小暖是明星阿婷的粉丝。最近，粉丝团的会员筹备为阿婷办一个生日会，小暖想要参加生日会，正发愁没有名额。粉丝团里有个人找到了她，说自己去不了，可以把名额转让给小暖，只要小暖帮她送一包化妆品。小暖高兴地答应下来，结果在帮忙送化妆品的途中，被警察检查出所谓的化妆品里面藏了毒品。小暖被犯罪分子利用，变成了运毒的工具。

依据我国相关法律的规定，帮他人带东西时，如果不知道帮忙带的东西有毒品的，不构成犯罪，如果明知是毒品而携带的，会构成非法运输毒品罪。但众多实际案例中，绝大部分情况因为很难拿出不知情的证据，或者作出能让执法人员信服的合理解释，大概率会被判刑。

犯罪分子利用了青少年的善良单纯，用花言巧语和小小的好处诱骗青少年帮忙携带、运送一些藏着毒品的物品，不知情的青少年觉得只是帮了个随手的忙，就能获得好处，于是轻率地接受，没承想这一小小的举动，将给自己带来多大的灾难。

除了帮忙运送东西，还有一类发生在出入境口岸的运毒陷阱也需要警惕。一些境外贩毒集团成员会以交友或谈恋爱为名，诱骗受骗者为其运输毒品，或者直接在机场寻求“帮助”。比如在机场刚刚认识的朋友说自己行李不够装，让受骗者帮忙装点东西，或者趁人不注意直接将违禁品放进受骗者的行李里。

警惕一切“托带”陷阱。在国内出行时，不轻易答应陌生人的运送请求，除非你真的知道里面是什么，一定要送也要仔细检查包裹。在国外旅游时，不要随意帮他人携带物品过关，千万不要在机场与不熟悉的人分享行李空间；时刻注意你的行李，不要让它离开你的视线。即使是亲人朋友的托带请求，也不能不谨慎，否则很有可能迎来牢狱之灾。

课堂实践

我们能为禁毒做些什么

毒品是全球性的灾难，也是全人类共同的敌人，世界范围内日益严重的毒品潮，不仅严重危害人类的健康，败坏社会风气，而且直接导致和诱发各种犯罪，威胁着全球政治稳定和经济发展。禁毒是全社会共同的责任。

为了预防和惩治毒品违法犯罪行为，保护公民身心健康，维护社会稳定，同学们可以开展各种禁毒主题教育活动，普及毒品预防知识，增强大家的禁毒意识，提高大家自觉抵制毒品的能力。

同学们可以在社区和学校开展以下社会实践，宣传禁毒知识。

（1）在黑板报和宣传栏上制作禁毒宣传专栏，以“珍爱生命，远离毒品”为主题，用图文并茂、美观大方的专栏，传播毒品的种类和危害，提升禁毒宣传的趣味性和实效性。

（2）组织一场禁毒知识竞赛，发动更多的居民和同学参与，提高大家的禁毒意识，促进对毒品及其危害的认识和了解，扩大普及范围。

（3）举办“拒绝毒品”主题征文演讲，积极引导大家保持健康心理，建立防毒意识，抵制毒品侵害，营造阳光健康的文化环境。

（4）组织家人和朋友一起参观禁毒教育基地，通过参观禁毒展览、观看禁毒影片等手段进行禁毒知识普及和毒品预防教育。

让我们一起行动起来，抵制毒品，参与禁毒，共同营造和谐环境，构建无毒社会。